이것이 기초 영문법의 시작이다!

THIS IS
GRAMMAR
Starter

모바일 단어장
VOCA TEST

넥서스에듀 학습시스템

Aa		100%
모바일 단어장	VOCA TEST	카드충전소 정답

추가문제

내신 대비 + 서술형 대비 문제	동사변화표 & 테스트지	어휘리스트 & 테스트지

www.nexusEDU.kr
www.nexusbook.com

THIS IS GRAMMAR Starter 1 2 3

★ 영어의 첫걸음을 위한 **기초 영문법 포인트**

★ 간단하고 체계적으로 정리된 **이해하기 쉬운 문법 설명**

★ 단어 → 구 → 문장 쓰기 훈련으로 이어지는 **단계별 Grammar 충전하기**

★ 배운 내용을 실생활에 응용하는 **EngGoGo 번역기 영작 훈련**

★ 중등 내신 문제로 마무리하고 실전에 대비하는 **Final Review**

★ 창의적 활동으로 응용력을 키워주는 **영문법+쓰기 워크북**

기초 문법의 확실한 첫걸음
THIS IS GRAMMAR Starter 1~3   영어교육연구소 지음 | 205×265 | 144쪽(워크북, 정답 및 해설 포함) | 각 권 12,000원

NEXUS Edu
LEVEL CHART

분야	교재	초1	초2	초3	초4	초5	초6	중1	중2	중3	고1	고2	고3
VOCA	초등필수 영단어 1-2·3-4·5-6학년용	📖	📖	📖	📖	📖	📖						
	The VOCA + (플러스) 1~7					📖	📖	📖	📖	📖	📖	📖	
	THIS IS VOCABULARY 입문·초급·중급			📖	📖	📖	📖	📖	📖	📖			
	THIS IS VOCABULARY 고급·어원·수능 완성·뉴텝스								📖	📖	📖	📖	📖
Grammar	초등필수 영문법 + 쓰기 1~2			📖	📖	📖	📖						
	OK Grammar 1~4			📖	📖	📖	📖						
	This Is Grammar Starter 1~3			📖	📖	📖	📖						
	This Is Grammar 초급~고급 (각 2권: 총 6권)						📖	📖	📖	📖	📖	📖	📖
	Grammar 공감 1~3						📖	📖	📖	📖			
	Grammar 101 1~3						📖	📖	📖	📖			
	Grammar Bridge 1~3 (개정판)						📖	📖	📖	📖			
	중학영문법 뽀개기 1~3						📖	📖	📖	📖			
	The Grammar Starter, 1~3						📖	📖	📖	📖	📖		
	구사일생 (구문독해 Basic) 1~2									📖	📖	📖	📖
	구문독해 204 1~2									📖	📖	📖	📖
	그래머 캡처 1~2							📖	📖	📖	📖	📖	
	[특단] 어법어휘 모의고사									📖	📖	📖	📖

분야	교재	초1	초2	초3	초4	초5	초6	중1	중2	중3	고1	고2	고3
Writing	도전만점 중등내신 서술형 1~4						📖	📖	📖	📖			
Writing	영어일기 영작패턴 1-A, B · 2-A, B				📖	📖	📖	📖	📖				
Writing	Smart Writing 1~2				📖	📖	📖	📖	📖	📖			
Reading	Reading 101 1~3						📖	📖	📖	📖	📖		
Reading	Reading 공감 1~3						📖	📖	📖	📖	📖		
Reading	This Is Reading Starter 1~3						📖	📖	📖	📖	📖		
Reading	This Is Reading 전면 개정판 1~4							📖	📖	📖	📖		
Reading	This Is Reading 1-1 ~ 3-2 (각 2권; 총 6권)						📖	📖	📖	📖	📖		
Reading	원서 술술 읽는 Smart Reading Basic 1~2						📖	📖	📖				
Reading	원서 술술 읽는 Smart Reading 1~2									📖	📖	📖	
Reading	[특단] 구문독해									📖	📖	📖	📖
Reading	[특단] 독해유형									📖	📖	📖	📖
Listening	Listening 공감 1~3					📖		📖	📖	📖			
Listening	The Listening 1~4				📖	📖	📖	📖	📖	📖			
Listening	After School Listening 1~3						📖	📖	📖	📖			
Listening	도전! 만점 중학 영어듣기 모의고사 1~3						📖	📖	📖	📖			
Listening	만점 적중 수능 듣기 모의고사 20회·35회									📖	📖	📖	📖
TEPS	NEW TEPS 기본편 실전 300⁺ 청해·문법·독해						📖	📖	📖	📖			
TEPS	NEW TEPS 실력편 실전 400⁺ 청해·문법·독해							📖	📖	📖	📖	📖	
TEPS	NEW TEPS 마스터편 실전 500⁺ 청해·문법·독해								📖	📖	📖	📖	📖

중등 내신을 위한 기초 독해의 확실한 해결책

THIS IS READING Starter

★ Guess What? 코너를 통해 **창의성 개발과 함께 배경지식 확장**

★ 독해탄탄 VOCA Check 1, 2 코너를 통해 **독해 기초 탄탄 훈련**

★ 어휘를 쉽게 암기하고 오래 기억에 남게 하는 **이미지 연상 학습**

★ 독해를 잘하는 비법! 영어의 어순대로 공부하는 **직독직해 훈련**

★ 다양한 지문과 문제를 통해 **중등 내신 + 서술형 문제 완벽 대비**

★ 각각의 문제 유형 제시를 통한 **기초 수능 실력 완벽 대비**

★ Words Review 코너 및 영영풀이 문제를 통해 **기초 독해 실력 탄탄**

★ 원어민의 발음으로 듣는 전체 지문 MP3 제공

넥서스에듀가
제공하는
학습시스템

MP3 듣기

어휘 리스트

어휘 테스트지

모바일 단어장

VOCA TEST

MP3 듣기
모바일 단어장
VOCA TEST

www.nexusEDU.kr
www.nexusbook.com

기초 독해의 확실한 해결책
THIS IS READING Starter 1~3   김태연 지음 | 205×265 | 156쪽(워크북, 정답 및 해설 포함) | 각 권 12,000원

기초 문법의 확실한 첫걸음

THIS IS GRAMMAR

Starter

THIS IS GRAMMAR Starter 3

지은이 영어교육연구소
펴낸이 최정심
펴낸곳 (주)GCC

출판신고 제 406-2018-000082호 ①
10880 경기도 파주시 지목로 5
전화 (031) 8071-5700 팩스 (031) 8071-5200
ISBN 979-11-89432-28-7 64740
　　　 979-11-89432-25-6 （SET）

가격은 뒤표지에 있습니다.
잘못 만들어진 책은 구입처에서 바꾸어 드립니다.

www.nexusbook.com
www.nexusEDU.kr

기초 문법의 확실한 첫걸음

THIS IS GRAMMAR

영어교육연구소 지음

Starter

3

NEXUS Edu

THIS IS GRAMMAR Starter

이렇게 공부해 보세요!

Step 1

Grammar 충전소

Unit 별 필수 문법
포인트 이해하기

Step 2

Check-up

개념 정리 문제로
기초 다지기

Step 3

Grammar 충전하기 10 ~ 70%

단계별 영문법+쓰기
훈련하기

Step 4

Grammar 충전하기 90%

EngGOGO 번역기로
한-영, 영-한
번역 훈련하기

Step 5

Grammar 충전하기 100%

중등 내신 유형
맛보기

Step 6

Workbook

창의력 워크북으로
재미있게
Unit 마스터하기

Special Step 1

Review 1

Grammar
카드 충전소로
학습 내용 다시 정리

Special Step 2

Review 2

Final Review로
실전 대비 훈련

Don't Forget 3

Review 3

QR코드 찍고
추가학습 Go Go!

- 모바일 단어장
- VOCA TEST
- 카드 충전소 정답 확인
- 동사 변화형 TEST

Features

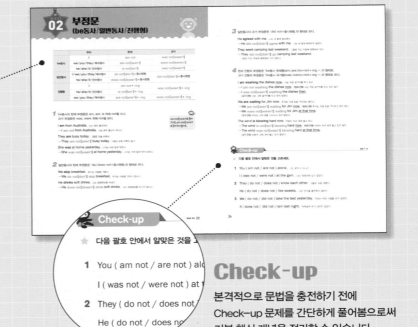

Grammar
핵심 설명 요약

총 8개의 Unit (Grammar 충전소)에서
초·중등 필수 영문법을 충전합니다.
한눈에 보기 쉽게 도표로 정리되어 있어
빠르게 핵심 영문법을 충전할 수 있습니다.

Check-up

본격적으로 문법을 충전하기 전에
Check-up 문제를 간단하게 풀어봄으로써
기본 핵심 개념을 정리할 수 있습니다.

Grammar 충전하기
10~70%

Grammar 충전소에서 배운 문법 사항을
정답 고르기, 빈칸 채우기, 배열하기, 문장 쓰기 등
다양하게 적용해 보면서 영문법을 충전합니다.

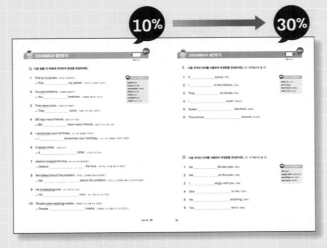

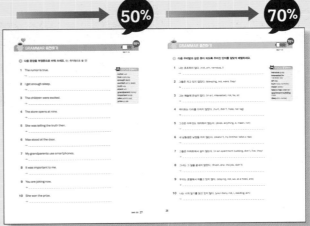

단어(word) → 구(phrase) → 문장(sentence)을 쓸 수 있게 단계별 연습 문제로 구성되어 있습니다.

90% → 100%

Grammar 충전하기 **90%**

90%가 충전되면
EngGOGO번역기처럼
한국어는 영어로, 영어는 한국어로
번역할 수 있는 실력을 갖추게 됩니다.

Grammar 충전하기 **100%**

100%가 충전되면 Grammar 충전소에 있는
문법 사항들을 100% 활용하여
학교 시험에서 볼 수 있는 문제를 쉽게
해결할 수 있습니다.

긍정문의 형태

I _____ soccer. (play)

He _____ too much. (drink)

Julie _____ glasses. (wear)

They _____ the bus. (take)

Grammar **카드 충전소**

카드 충전소에서는 앞에서 배운 핵심 문법
내용을 정리하면서 영문법 기초를 확실히
다질 수 있습니다. (1~2권에 해당)

Features

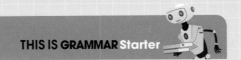

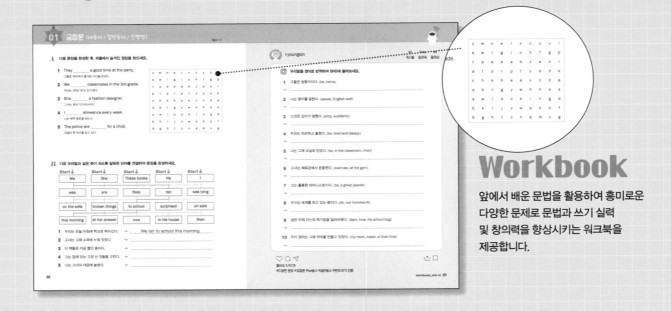

Workbook

앞에서 배운 문법을 활용하여 흥미로운
다양한 문제로 문법과 쓰기 실력
및 창의력을 향상시키는 워크북을
제공합니다.

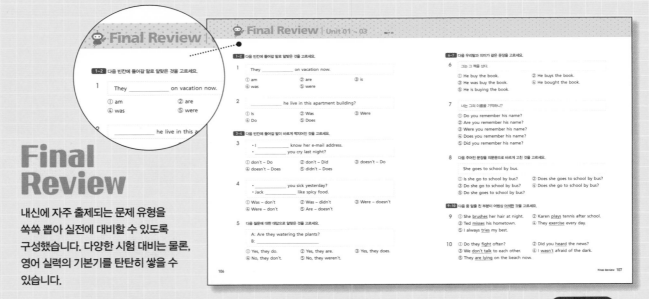

Final Review

내신에 자주 출제되는 문제 유형을
쏙쏙 뽑아 실전에 대비할 수 있도록
구성했습니다. 다양한 시험 대비는 물론,
영어 실력의 기본기를 탄탄히 쌓을 수
있습니다.

 추가 제공 자료   www.nexusEDU.kr   www.nexusbook.com

모바일 단어장 & VOCA TEST	어휘 리스트 & 테스트지	동사변화표 & 테스트지	내신 + 서술형 대비 추가 문제	카드 충전소 정답 확인

모바일 단어장
VOCA TEST

CONTENTS

24일 완성 초급자

일	유닛	진도	진도표시
1일	Unit 01	충전하기 10~70%	✔
2일		충전하기 90%~100%	
3일		Workbook	
4일	Unit 02	충전하기 10~70%	
5일		충전하기 90%~100%	
6일		Workbook	
7일	Unit 03	충전하기 10~70%	
8일		충전하기 90%~100%	
9일		Workbook + Final Review	
10일	Unit 04	충전하기 10~70%	
11일		충전하기 90%~100%	
12일		Workbook	
13일	Unit 05	충전하기 10~70%	
14일		충전하기 90%~100%	
15일		Workbook + Final Review	
16일	Unit 06	충전하기 10~70%	
17일		충전하기 90%~100%	
18일		Workbook	
19일	Unit 07	충전하기 10~70%	
20일		충전하기 90%~100%	
21일		Workbook	
22일	Unit 08	충전하기 10~70%	
23일		충전하기 90%~100%	
24일		Workbook + Final Review	

16일 완성 중급자

일	유닛	진도	진도표시
1일	Unit 01	충전하기 10~90%	✔
2일		충전하기 100% + Workbook	
3일	Unit 02	충전하기 10~90%	
4일		충전하기 100% + Workbook	
5일	Unit 03	충전하기 10~100%	
6일		Workbook + Final Review	
7일	Unit 04	충전하기 10~90%	
8일		충전하기 100% + Workbook	
9일	Unit 05	충전하기 10~100%	
10일		Workbook + Final Review	
11일	Unit 06	충전하기 10~90%	
12일		충전하기 100% + Workbook	
13일	Unit 07	충전하기 10~90%	
14일		충전하기 100% + Workbook	
15일	Unit 08	충전하기 10~100%	
16일		Workbook + Final Review	

8일 완성 고급자

일	유닛	진도표시
1일	Unit 01	✔
2일	Unit 02	
3일	Unit 03	
4일	Unit 04	
5일	Unit 05	
6일	Unit 06	
7일	Unit 07	
8일	Unit 08	

THIS IS GRAMMAR Starter

Unit 01 긍정문 (be동사/일반동사/진행형)

	주어	현재	과거
be동사	I	am	was
	he/she/it/단수명사	is	
	we/you/they/복수명사	are	were
일반동사	I/we/you/they/복수명사	동사원형	동사원형+-(e)d
	he/she/it/단수명사	동사원형+-(e)s	
진행형	I	am+-ing	was+-ing
	he/she/it/단수명사	is+-ing	
	we/you/they/복수명사	are+-ing	were+-ing

1 be동사의 현재 긍정문은 am, are, is를 쓰고, 과거 긍정문은 was, were를 쓴다.

I am Sarah. 나는 사라이다.
We are eleven years old. 우리는 11세이다.
She is very polite. 그녀는 매우 예의 바르다.

He was a lawyer. 그는 변호사였다.
They were in the playground. 그들은 놀이터에 있었다.

2 일반동사의 현재를 나타내는 긍정문은 동사원형 또는 3인칭 단수형을 쓴다.

I want your advice. 나는 너의 충고를 원한다.
You look beautiful today. 너는 오늘 예뻐 보인다.
She studies English. 그녀는 영어를 공부한다.
It moves fast. 그것은 빨리 움직인다.

⭐ 3인칭 단수 주어(he/she/it/단수명사)의 동사 변화

대부분의 동사	-s	eats, likes, wants, sits
-o, -x, -s, -ss, -ch, -sh로 끝나는 동사	-es	goes, fixes, crosses, finishes
「자음+y」로 끝나는 동사	y → ies	studies, tries, carries, marries
「모음+y」로 끝나는 동사	-s	plays, enjoys, buys
불규칙 동사		have – has

3 일반동사의 과거를 나타내는 긍정문은 일반동사의 과거형을 쓴다.

I met James yesterday. 나는 어제 제임스를 만났다.
He invited a few friends. 그는 친구 몇 명을 초대했다.
They arrived here on time. 그들은 여기 제시간에 도착했다.

⭐ 일반동사 과거형 만드는 법

규칙	대부분의 동사	-ed	called, opened, wanted, started
	-e로 끝나는 동사	-d	arrived, moved, liked, loved
	「자음+y」로 끝나는 동사	y → ied	cried, tried, worried, married
	「모음+y」로 끝나는 동사	-ed	enjoyed, stayed, played
	「단모음+단자음」	자음을 하나 더 쓰고 -ed	stopped, dropped, planned
불규칙	현재형 = 과거형	cut – cut　　hit – hit	put – put　　read – read
	불규칙 변화 동사	eat – ate　　run – ran know – knew　　leave – left tell – told　　came – come give – gave　　buy – bought	do – did　　go – went have – had　　sleep – slept make – made　　build – built teach – taught　　think – thought

4 현재 진행 긍정문은 「be동사 현재형(am/are/is)+-ing」의 형태로,
과거 진행 긍정문은 「be동사 과거형(was/were)+-ing」의 형태로 나타낸다.

I am doing my homework now. 나는 지금 숙제를 하고 있다.
I was doing my homework at that time. 나는 그때 숙제를 하고 있었다.

She is watching a movie now. 그녀는 지금 영화를 보고 있다.
She was watching a movie then. 그녀는 그때 영화를 보고 있었다.

Children are running in the park now. 아이들이 지금 공원에서 뛰고 있다.
Children were running in the park yesterday. 아이들은 어제 공원에서 뛰고 있었다.

⭐ 동사의 -ing형 만드는 법

대부분의 동사	-ing	go – going	cry – crying	eat – eating
-e로 끝나는 동사	e를 빼고 -ing	come – coming	make – making	dance – dancing
-ie로 끝나는 동사	ie를 y로 고치고 -ing	die – dying	tie – tying	lie – lying
「단모음+단자음」	자음을 하나 더 쓰고 -ing	run – running	cut – cutting	sit – sitting

⭐ **다음 주어진 동사의 3인칭 단수 현재형을 쓰세요.**

1 want 원하다 → _____	**23** clean 청소하다 → _____
2 go 가다 → _____	**24** fly 날다 → _____
3 study 공부하다 → _____	**25** teach 가르치다 → _____
4 mix 섞다 → _____	**26** come 오다 → _____
5 have 가지다 → _____	**27** say 말하다 → _____
6 run 달리다 → _____	**28** pass 지나가다 → _____
7 do 하다 → _____	**29** wash (물로) 씻다 → _____
8 catch 잡다 → _____	**30** play 놀다 → _____
9 try 노력하다 → _____	**31** fix 고치다 → _____
10 like 좋아하다 → _____	**32** brush 솔질을 하다 → _____
11 reach 도달하다 → _____	**33** open 열다 → _____
12 drink 마시다 → _____	**34** pay 지불하다 → _____
13 sit 앉다 → _____	**35** marry 결혼하다 → _____
14 wake (잠에서) 깨다 → _____	**36** cross 건너다 → _____
15 get 얻다 → _____	**37** arrive 도착하다 → _____
16 cry 울다 → _____	**38** make 만들다 → _____
17 read 읽다 → _____	**39** keep 지키다 → _____
18 build 짓다 → _____	**40** wait 기다리다 → _____
19 enjoy 즐기다 → _____	**41** send 보내다 → _____
20 lose 잃다, 패하다 → _____	**42** leave 떠나다 → _____
21 carry 나르다 → _____	**43** guess 추측하다 → _____
22 buy 사다 → _____	**44** believe 믿다 → _____

⭐ 다음 주어진 동사의 과거형을 쓰세요.

1 end 끝나다 → _____

2 cry 울다 → _____

3 jump 뛰다 → _____

4 drop 떨어뜨리다 → _____

5 help 돕다 → _____

6 visit 방문하다 → _____

7 die 죽다 → _____

8 arrive 도착하다 → _____

9 worry 걱정하다 → _____

10 try 노력하다 → _____

11 stay 머무르다 → _____

12 save 구하다 → _____

13 think 생각하다 → _____

14 go 가다 → _____

15 build 짓다 → _____

16 put 넣다 → _____

17 come 오다 → _____

18 give 주다 → _____

19 do 하다 → _____

20 have 가지다 → _____

21 tell 말하다 → _____

22 make 만들다 → _____

23 read 읽다 → _____

24 know 알다 → _____

Check-up 3

정답 P. 02

⭐ 다음 주어진 동사의 진행형(-ing)을 쓰세요.

1 catch 잡다 → _____

2 drink 마시다 → _____

3 come 오다 → _____

4 play 놀다 → _____

5 wash (물로) 씻다 → _____

6 give 주다 → _____

7 do 하다 → _____

8 speak 말하다 → _____

9 write 쓰다 → _____

10 lie 거짓말하다 → _____

11 study 공부하다 → _____

12 cut 자르다 → _____

GRAMMAR 충전하기

정답 P. 02

⭐ 다음 괄호 안에서 알맞은 것을 고르세요.

1 I (am / are / is) very thirsty.

2 It (am / are / is) dark outside.

3 We (was / were) in the living room.

4 She (was / were) a great actress.

5 I (have / has) a piano lesson today.

6 She (take / takes) care of two babies.

7 The puppy (follow / follows) his mother.

8 Tina (buys / bought) some food a few minutes ago.

9 I (came / comes) here by taxi.

10 Mr. Smith (teaches / taught) English at school last year.

11 Three birds (is sitting / are sitting) in the tree now.

12 Dave (is brushing / was brushing) his teeth then.

13 They (having / were having) a good time in their last class.

14 Your friends (wait / are waiting) at the door right now.

15 You were (hiting / hitting) balls in the playground.

VOCA 충전하기

thirsty 목마른
dark 어두운
living room 거실
actress 여배우
lesson 강습, 레슨
take care of ~을 돌보다
a few 조금
minute (시간 단위) 분
ago ~ 전에
have a good time
즐거운 시간을 보내다
playground 운동장

A 다음 빈칸에 알맞은 be동사를 쓰세요.

1 I _____ afraid of dogs. 나는 개를 무서워한다.

2 You _____ very funny. 너는 정말 재미있다.

3 She _____ a lovely girl. 그녀는 사랑스러운 소녀이다.

4 He _____ a famous artist. 그는 유명한 화가였다.

5 We _____ young at that time. 우리는 그때 어렸다.

6 They _____ at the bus stop an hour ago. 그들은 한 시간 전에 버스 정류장에 있었다.

VOCA 충전하기

afraid of ~을 무서워하는
funny 재미있는
lovely 사랑스러운
famous 유명한
artist 화가
young 어린, 젊은
bus stop 버스 정류장

B 다음 밑줄 친 부분에 유의하여 주어진 단어를 이용하여 문장을 완성하세요.

1 You _____ them well. (know) 너는 그들을 잘 <u>안다</u>.

2 She always _____ in the mirror. (look) 그녀는 항상 거울을 <u>본다</u>.

3 They _____ last month. (marry) 그들은 지난달에 <u>결혼했다</u>.

4 I _____ up too late. (get) 나는 너무 늦게 <u>일어났다</u>.

5 The bus is _____. (come) 버스가 <u>오고 있다</u>.

6 We were _____ sandwiches then. (make) 우리는 그때 샌드위치를 <u>만들고 있었다</u>.

정답 P. 02

⭐ 다음 [보기]에서 알맞은 단어를 골라 적절한 형태로 바꿔 문장을 완성하세요. (단, 현재/과거에 유의할 것)

[1-5] 보기 be(중복 가능)   cook   make   yell

1 It _____ cloudy this morning. 오늘 아침은 흐렸다.

2 My parents _____ together. 우리 부모님은 함께 요리하신다.

3 Many people _____ on the streets. 많은 사람들이 거리에 있다.

4 We _____ a snowman yesterday. 우리는 어제 눈사람을 만들었다.

5 The kids _____ _____ loudly.
아이들이 시끄럽게 소리를 지르고 있다.

> **VOCA 충전하기**
>
> **yell** 소리지르다, 고함치다
> **loudly** 시끄럽게
> **cloudy** 흐린, 구름이 낀
> **together** 함께, 같이
> **street** 길, 거리
> **snowman** 눈사람

[6-10] 보기 believe   be(중복 가능)   travel   get

6 Your answer _____ wrong. 너의 답은 틀리다.

7 We _____ his story. 우리는 그의 이야기를 믿는다.

8 He _____ an F in science. 그는 과학에서 F를 받았다.

9 They _____ at the concert last Sunday. 그들은 지난 일요일, 콘서트장에 있었다.

10 Matt _____ _____ around Asia at that time.
매트는 그때 아시아 주변을 여행하는 중이었다.

> **VOCA 충전하기**
>
> **wrong** 틀린, 잘못된
> **around** 둘레에, 주위에
> **Asia** 아시아

18

⭐ **다음 우리말과 같은 뜻이 되도록 주어진 단어를 알맞게 배열하세요.**

VOCA 충전하기

small 작은
town 마을
clever 영리한, 똑똑한
ballet 발레
hard 열심히 하는
strict 엄격한
market 시장
fruit 과일

1 그곳은 작은 마을이었다. (was, a small town, it)

➜ _____

2 그는 영리한 소년이다. (is, a clever boy, he)

➜ _____

3 그 소녀는 발레를 연습한다. (the girl, ballet, practices)

➜ _____

4 낸시는 그때 편지를 쓰고 있었다. (was, a letter, Nancy, then, writing)

➜ _____

5 그들은 열심히 일하는 사람들이었다. (were, workers, hard, they)

➜ _____

6 내 부모님은 매우 엄격하시다. (very, are, my parents, strict)

➜ _____

7 너는 잘하고 있다. (are, a good job, doing, you)

➜ _____

8 그들은 시장에서 과일을 판다. (sell, at the market, fruit, they)

➜ _____

9 우리는 영어로 말한다. (talk, we, in English)

➜ _____

10 나는 한 시간 전에 저녁을 먹었다. (dinner, an hour ago, had, I)

➜ _____

⭐ 다음 우리말은 영어로, 영어는 우리말로 바꾸세요.

 Eng GOGO

1 너는 부지런한 학생이다.
(a diligent student)

KOR 번역하기 → ENG

2 이 수프는 냄새가 좋다.
(soup, smell, nice)

KOR 번역하기 → ENG

3 그녀는 지금 수박을 자르고 있다.
(cut, a watermelon, now)

KOR 번역하기 → ENG

4 나는 어젯밤에 수학을 공부했다.
(study, math)

KOR 번역하기 → ENG

5 We met in the theater.

ENG 번역하기 → KOR

6 I was sick yesterday.

ENG 번역하기 → KOR

7 He catches fish in the river.

ENG 번역하기 → KOR

[1-2] 다음 빈칸에 들어갈 말로 알맞은 것을 고르세요.

1

I _____ ten years old now.

① am   ② are   ③ is   ④ was   ⑤ were

2

He _____ back home yesterday.

① come   ② comes   ③ came
④ coming   ⑤ is coming

3 다음 우리말을 영어로 옮길 때 빈칸에 알맞은 말을 고르세요.

앤디와 수잔은 지금 설거지를 하고 있다.

→ Andy and Susan _____ the dishes now.

① wash   ② washes   ③ washed
④ washing   ⑤ are washing

4 다음 빈칸에 들어갈 말이 바르게 짝지어진 것을 고르세요.

- She _____ for a walk every day.
- We _____ to the zoo last Sunday.

① go – go   ② goes – go   ③ go – went
④ goes – went   ⑤ went – go

HINT 긴급충전

every day(매일)는 현재와 과거에 둘 다 쓸 수 있는 표현이지만 last(지난) 는 과거를 나타내는 표현 이에요.

5 다음 중 밑줄 친 부분이 어법상 어색한 것을 고르세요.

① We <u>are</u> proud of you.
② She <u>were</u> a great skater.
③ It <u>is snowing</u> heavily.
④ He <u>put</u> honey in his tea.
⑤ The chef <u>mixes</u> fruit and vegetables.

6 다음 중 어법상 어색한 것을 고르세요.

① You talks too fast.   ② The chair was mine.
③ New York is a big city.   ④ She was swimming then.
⑤ I left my wallet on the subway.

[7-8] 다음 주어진 동사를 이용하여 문장을 완성하세요.

7

I _____ very sick last night, but I _____ okay now. (be, be)

8

She _____ her report two hours ago. She _____ a game now. (finish, play)

9 다음 밑줄 친 부분을 바르게 고쳐 쓰세요.

Mr. Peterson ⓐ <u>are</u> a teacher. He ⓑ <u>teach</u> science at a middle school.

HINT 긴급충전

주어의 인칭과 수에 맞춰 알맞은 동사의 형태를 생각하면 쉽게 풀 수 있어요.

ⓐ _____   ⓑ _____

10 다음 우리말과 같은 뜻이 되도록 주어진 단어를 이용하여 문장을 완성하세요.

1) 그들은 교복을 입는다. (wear, school uniforms)

→ _____

2) 우리는 너를 걱정했다. (worry about)

→ _____

Unit 02 부정문
(be동사/일반동사/진행형)

	주어	현재	과거
be동사	I	am not	was not[wasn't]
	we/you/they/복수명사	are not[aren't]	were not[weren't]
	he/she/it/단수명사	is not[isn't]	was not[wasn't]
일반동사	I/we/you/they/복수명사	do not[don't]+동사원형	did not[didn't]+동사원형
	he/she/it/단수명사	does not[doesn't]+동사원형	
진행형	I	am not+-ing	was not[wasn't]+-ing
	he/she/it/단수명사	is not[isn't]+-ing	
	we/you/they/복수명사	are not[aren't]+-ing	were not[weren't]+-ing

1 be동사의 현재 부정문은 am, are, is 뒤에 not을 쓰고,
과거 부정문은 was, were 뒤에 not을 쓴다.

are not은 aren't로 줄여
쓰지만, am not은 amn't
로 줄여 쓰지 않아요.

I **am** from Australia. 나는 호주 출신이다.
→ I am not from Australia. 나는 호주 출신이 아니다.

They **are** busy today. 그들은 오늘 바쁘다.
→ They are not[aren't] busy today. 그들은 오늘 바쁘지 않다.

She **was** at home yesterday. 그녀는 어제 집에 있었다.
→ She was not[wasn't] at home yesterday. 그녀는 어제 집에 있지 않았다.

2 일반동사의 현재 부정문은 「do/does not+동사원형」의 형태로 쓴다.

We **skip** breakfast. 우리는 아침을 거른다.
→ We do not[don't] skip breakfast. 우리는 아침을 거르지 않는다.

He **drinks** soft drinks. 그는 청량음료를 마신다.
→ He does not[doesn't] drink soft drinks. 그는 청량음료를 마시지 않는다.

3 일반동사의 과거 부정문은 「did not+동사원형」의 형태로 쓴다.

He **agreed** with me. 그는 내 말에 동의했다.
→ He did not[didn't] agree with me. 그는 내 말에 동의하지 않았다.

They **went** camping last weekend. 그들은 지난 주말에 캠핑하러 갔다.
→ They did not[didn't] go camping last weekend.
그들은 지난 주말에 캠핑하러 가지 않았다.

4 현재 진행의 부정문은 「be동사 현재형(am/are/is)+not+-ing ~」의 형태로,
과거 진행의 부정문은 「be동사 과거형(was/were)+not+-ing ~」의 형태로 쓴다.

I **am washing** the dishes <u>now</u>. 나는 지금 설거지를 하고 있다.
→ I am not washing the dishes <u>now</u>. (현재 진행) 나는 지금 설거지를 하고 있지 않다.
→ I was not[wasn't] washing the dishes <u>then</u>.
(과거 진행) 나는 그때 설거지를 하고 있지 않았다.

We **are waiting** for Jim now. 우리는 지금 짐을 기다리는 중이다.
→ We are not[aren't] waiting for Jim <u>now</u>. (현재 진행) 우리는 지금 짐을 기다리고 있지 않다.
→ We were not[weren't] waiting for Jim <u>at that time</u>.
(과거 진행) 우리는 그때 짐을 기다리고 있지 않았다.

The wind **is blowing** hard now. 바람이 지금 세게 불고 있다.
→ The wind is not[isn't] blowing hard <u>now</u>. (현재 진행) 바람이 지금 세게 불고 있지 않다.
→ The wind was not[wasn't] blowing hard <u>at that time</u>.
(과거 진행) 바람이 그때 세게 불고 있지 않았다.

Check-up

정답 P. 04

⭐ 다음 괄호 안에서 알맞은 것을 고르세요.

1 You (am not / are not) alone. 너는 혼자가 아니다.

I (was not / were not) at the gym. 나는 체육관에 있지 않았다.

2 They (do not / does not) know each other. 그들은 서로 모른다.

He (do not / does not) like sweets. 그는 단것을 좋아하지 않는다.

3 We (do not / did not) take the test yesterday. 우리는 어제 시험을 보지 않았다.

It (does not / did not) rain last night. 어젯밤에 비가 내리지 않았다.

⭐ 다음 밑줄 친 부분에 유의하여 문장을 완성하세요.

VOCA 충전하기

jacket 재킷
lucky 운이 좋은
remember 기억하다
bitter (맛이) 쓴
miss 놓치다
problem 문제
mask 마스크, 가면

1 This <u>is</u> my jacket. 이것은 내 재킷이다.

→ This _____ _____ my jacket. 이것은 내 재킷이 아니다.

2 You <u>are</u> brothers. 너희들은 형제이다.

→ You _____ _____ brothers. 너희들은 형제가 아니다.

3 They <u>were</u> lucky. 그들은 운이 좋았다.

→ They _____ _____ lucky. 그들은 운이 좋지 않았다.

4 Bill <u>has</u> many friends. 빌은 친구가 많다.

→ Bill _____ _____ have many friends. 빌은 친구가 많지 않다.

5 I <u>remember</u> your birthday. 나는 너의 생일을 기억한다.

→ I _____ _____ remember your birthday. 나는 너의 생일을 기억하지 못한다.

6 It <u>tastes</u> bitter. 그것은 쓰다.

→ It _____ _____ _____ bitter. 그것은 쓰지 않다.

7 Jessica <u>missed</u> the bus. 제시카는 버스를 놓쳤다.

→ Jessica _____ _____ _____ the bus. 제시카는 버스를 놓치지 않았다.

8 We <u>talked</u> about the problem. 우리는 그 문제에 대해서 얘기했다.

→ We _____ _____ _____ about the problem. 우리는 그 문제에 대해서 얘기하지 않았다.

9 He <u>is sleeping</u> now. 그는 지금 자고 있다.

→ He _____ _____ _____ now. 그는 지금 자고 있지 않다.

10 People <u>were wearing</u> masks. 사람들은 마스크를 쓰고 있었다.

→ People _____ _____ _____ masks. 사람들은 마스크를 쓰고 있지 않았다.

A 다음 주어진 단어를 이용하여 부정문을 완성하세요. (단, 현재형으로 쓸 것)

1 It _____ _____ sunny. (be)

2 I _____ _____ in the kitchen. (be)

3 They _____ _____ my shoes. (be)

4 I _____ _____ _____ a pet. (have)

5 Susan _____ _____ _____ fast food. (eat)

6 The woman _____ _____ _____ anyone. (trust)

> **VOCA 충전하기**
>
> **shoe** 신발, 구두
> **pet** 애완동물
> **fast food** 패스트푸드
> **trust** 신뢰하다, 믿다

B 다음 주어진 단어를 이용하여 부정문을 완성하세요. (단, 과거형으로 쓸 것)

1 He _____ _____ fat last year. (be)

2 We _____ _____ on the train. (be)

3 I _____ _____ angry with you. (be)

4 She _____ _____ _____ to me. (talk)

5 He _____ _____ _____ anything. (ask)

6 You _____ _____ _____ sorry. (say)

> **VOCA 충전하기**
>
> **fat** 뚱뚱한
> **angry with** ~에게 화가 난
> **anything** 무엇, 아무것
> **say sorry** 사과하다

26

⭐ 다음 문장을 부정문으로 바꿔 쓰세요. (단, 축약형으로 쓸 것)

1 The rumor is true.

→ _____

2 I get enough sleep.

→ _____

3 The children were excited.

→ _____

4 The store opens at nine.

→ _____

5 She was telling the truth then.

→ _____

6 Max stood at the door.

→ _____

7 My grandparents use smartphones.

→ _____

8 It was important to me.

→ _____

9 You are joking now.

→ _____

10 She won the prize.

→ _____

> **VOCA 충전하기**
>
> **rumor** 소문
> **true** 사실의, 맞는
> **enough** 충분한
> **excited** 신이 난, 흥분한
> **truth** 사실
> **stand** 서다
> **grandparent** 조부모님
> **important** 중요한
> **joke** 농담하다; 농담
> **prize** 상, 상품

⭐ **다음 우리말과 같은 뜻이 되도록 주어진 단어를 알맞게 배열하세요.**

1 나는 초조하지 않다. (not, am, nervous, I)

→ _____

2 그들은 자고 있지 않았다. (sleeping, not, were, they)

→ _____

3 그는 예술에 관심이 없다. (in art, interested, not, he, is)

→ _____

4 케이트는 다리를 다치지 않았다. (hurt, didn't, Kate, her leg)

→ _____

5 그것은 아무것도 의미하지 않는다. (does, anything, it, mean, not)

→ _____

6 내 남동생은 낮잠을 자지 않는다. (doesn't, my brother, take a nap)

→ _____

7 그들은 아파트에서 살지 않는다. (in an apartment building, don't, live, they)

→ _____

8 그녀는 그 일을 끝내지 않았다. (finish, she, the job, didn't)

→ _____

9 우리는 호텔에서 머물고 있지 않다. (staying, not, we, at a hotel, are)

→ _____

10 나는 너의 일기를 읽고 있지 않다. (your diary, not, I, reading, am)

→ _____

> 🐱 **VOCA 충전하기**
>
> **nervous** 초조한
> **interested in**
> ~에 관심이 있는
> **art** 예술
> **hurt** 다치다, 다치게 하다
> **mean** 의미하다
> **take a nap** 낮잠을 자다
> **apartment building**
> 아파트
> **diary** 일기, 다이어리

28

⭐ 다음 우리말은 영어로, 영어는 우리말로 바꾸세요.

 Eng GOGO

1 이것은 옳지 않다.
(this, be, right)
KOR 번역하기 → ENG

2 그들은 친절하지 않았다.
(be, friendly)
KOR 번역하기 → ENG

3 나는 그 소식을 듣지 못했다.
(hear, the news)
KOR 번역하기 → ENG

4 그는 모든 것을 알지는 못한다.
(know, everything)
KOR 번역하기 → ENG

5 He is not a liar.
ENG 번역하기 → KOR

6 We didn't do anything.
ENG 번역하기 → KOR

7 I don't feel well today.
ENG 번역하기 → KOR

정답 P. 05

[1-2] 다음 빈칸에 들어갈 말로 알맞은 것을 고르세요.

1

> He _____ in the library now.

① am not   ② aren't   ③ isn't
④ wasn't   ⑤ weren't

2

> I _____ visit the zoo last weekend.

① am not   ② wasn't   ③ don't
④ doesn't   ⑤ didn't

[3-4] 다음 밑줄 친 부분을 어법상 바르게 고친 것을 고르세요.

3

> Fred and Rosa <u>aren't walk</u> to school. They take the school bus.

① isn't walking   ② wasn't walk   ③ don't walk
④ doesn't walk   ⑤ didn't walk

 **HINT 긴급충전**

be동사와 동사원형은
함께 올 수 없어요.
~~are walk~~ (X)
are walking (O)
walk (O)

4

> We <u>aren't</u> at the concert last night. We were at home.

① isn't   ② wasn't   ③ weren't
④ don't   ⑤ didn't

5 다음 문장을 부정문으로 바르게 바꾼 것을 고르세요.

> We are baking chocolate cookies.

① We not baking chocolate cookies.
② We are not baking chocolate cookies.
③ We are baking not chocolate cookies.
④ We don't baking chocolate cookies.
⑤ We weren't baking chocolate cookies.

HINT 긴급충전

be동사가 있을 때는 be
동사 뒤에 not을 붙여서
부정문을 만들어요.

6 다음 밑줄 친 부분 중 어색한 것을 고르세요.

① The girl didn't cry.
② I amn't a good dancer.
③ The song wasn't popular.
④ They don't learn about the rules.
⑤ She wasn't reading comic books then.

HINT 긴급충전

be동사 중 not과 함께 붙이면 축약할 수 없는 것이 무엇인지 기억하나요?

7 다음 주어진 동사를 이용하여 부정문을 완성하세요.

1)
They are not from Japan, and they _____ Japanese. (speak)

2)
It was not sunny yesterday, so we _____ on a picnic. (go)

[8-9] 다음 우리말과 같은 뜻이 되도록 주어진 단어를 배열하세요.

8
그들은 그림을 그리지 않고 있다. (are, they, pictures, not, drawing)

→ _____

9
나는 농구를 못한다. (not, I, good at, basketball, am)

→ _____

10 다음 우리말과 같은 뜻이 되도록 주어진 단어를 이용하여 문장을 완성하세요.

1)
나는 그 문제가 이해되지 않는다. (understand, the problem)

→ _____

2)
그들은 그때 정원에 없었다. (in the garden, then)

→ _____

일반 의문문

	주어	현재	과거
be 동사	I	Am I ~?	Was 주어 ~?
	he/she/it/단수명사	Is 주어 ~?	
	we/you/they/복수명사	Are 주어 ~?	Were 주어 ~?
일반 동사	I/we/you/they/복수명사	Do + 주어 + 동사원형 ~?	Did + 주어 + 동사원형 ~?
	he/she/it/단수명사	Does + 주어 + 동사원형 ~?	
진행형	I	Am/Was + I + -ing ~?	
	he/she/it/단수명사	Is/Was + 주어 + -ing ~?	
	we/you/they/복수명사	Are/Were + 주어 + -ing ~?	

1 be동사의 현재 의문문은 「Am/Are/Is+주어 ~?」의 형태이고, 과거 의문문은 「Was/Were+주어 ~?」의 형태이다. 긍정의 대답은 「Yes, 주어+be동사.」, 부정의 대답은 「No, 주어+be동사+not.」으로 한다.

You are sick. 너는 아프다.

→ **Are you** sick? 너는 아프니?

　Yes, I am. 응. 그래. / No, I'm not. 아니. 그렇지 않아.

He was a famous soccer player. 그는 유명한 축구 선수였다.

→ **Was he** a famous soccer player? 그는 유명한 축구 선수였니?

　Yes, he was. 응. 그랬어. / No, he wasn't. 아니. 그렇지 않았어.

2 일반동사의 현재 의문문은 「Do/Does+주어+동사원형 ~?」의 형태이다. 긍정의 대답은 「Yes, 주어+do/does.」, 부정의 대답은 「No, 주어+don't/doesn't.」로 한다.

They like music. 그들은 음악을 좋아한다.

→ **Do they like** music? 그들은 음악을 좋아하니?

　Yes, they do. 응. 그래. / No, they don't. 아니. 그렇지 않아.

She works at a hospital. 그녀는 병원에서 일한다.

→ **Does she work** at a hospital? 그녀는 병원에서 일하니?

　Yes, she does. 응. 그래. / No, she doesn't. 아니. 그렇지 않아.

3 일반동사 과거 의문문은 「Did+주어+동사원형 ~?」의 형태로 쓴다.
긍정의 대답은 「Yes, 주어+did.」로, 부정의 대답은 「No, 주어+didn't.」로 한다.

Steve changed his plan. 스티브는 그의 계획을 바꿨다.
→ Did **Steve** change his plan? 스티브는 그의 계획을 바꿨니?
　　Yes, he did. 응. 그랬어. / No, he didn't. 아니. 그렇지 않았어.

I made a mistake. 나는 실수를 했다.
→ Did **I** make a mistake? 내가 실수했니?
　　Yes, you did. 응. 그랬어. / No, you didn't. 아니. 그렇지 않았어.

4 현재 진행형의 의문문은 「Am/Are/Is+주어+-ing ~?」의 형태이고, 과거 진행형의 의문문은
「Was/Were+주어+-ing ~?」의 형태이다. 긍정의 대답은 「Yes, 주어+be동사.」로,
부정의 대답은 「No, 주어+be동사+not.」으로 한다.

You are doing your homework. 너는 숙제를 하고 있는 중이다.
→ Are **you** doing your homework? 너는 숙제를 하고 있는 중이니?
　　Yes, I am. 응. 그래. / No, I'm not. 아니. 그렇지 않아.

She was making a birthday cake. 그녀는 생일 케이크를 만들고 있었다.
→ Was **she** making a birthday cake? 그녀가 생일 케이크를 만들고 있었니?
　　Yes, she was. 응. 그랬어. / No, she wasn't. 아니. 그렇지 않았어.

 **Check-up**
정답 P. 06

⭐ 다음 괄호 안에서 알맞은 것을 고르세요.

1 (Am / Are) I right? 내 말이 맞니?

2 (Are / Is) the camera yours? 그 카메라는 네 것이니?

3 (Was / Were) he in the bank? 그는 은행에 있었니?

4 (Was / Were) you nervous then? 너는 그때 떨렸니?

5 (Do / Does) they live in Spain? 그들은 스페인에 사니?

6 (Do / Does) she exercise every day? 그녀는 매일 운동하니?

7 (Do / Did) you enjoy the party last night? 너는 어젯밤 파티가 즐거웠니?

정답 P. 06

⭐ **다음 밑줄 친 부분에 유의하여 의문문을 완성하세요.**

1 You <u>are</u> ten years old. 너는 열 살이다.

→ _____ _____ ten years old? 너는 열 살이니?

VOCA 충전하기

Brazil 브라질
hospital 병원
honey 꿀
poem 시
each other 서로

2 He <u>is</u> from Brazil. 그는 브라질 출신이다.

→ _____ _____ from Brazil? 그는 브라질 출신이니?

3 She <u>was</u> in the hospital then. 그녀는 그때 병원에 있었다.

→ _____ _____ in the hospital then? 그녀는 그때 병원에 있었니?

4 They <u>were</u> here an hour ago. 그들은 한 시간 전에 여기에 있었다.

→ _____ _____ here an hour ago? 그들은 한 시간 전에 여기에 있었니?

5 Bears <u>like</u> honey. 곰들은 꿀을 좋아한다.

→ _____ _____ like honey? 곰들은 꿀을 좋아하니?

6 He <u>writes</u> poems. 그는 시를 쓴다.

→ _____ _____ write poems? 그는 시를 쓰니?

7 She <u>saved</u> lots of money. 그녀는 많은 돈을 저축했다.

→ _____ _____ save lots of money? 그녀는 많은 돈을 저축했니?

8 You <u>saw</u> Sophia today. 너는 오늘 소피아를 보았다.

→ _____ _____ see Sophia today? 너는 오늘 소피아를 보았니?

9 They <u>are helping</u> each other. 그들은 서로 돕고 있다.

→ _____ _____ _____ each other? 그들은 서로 돕고 있니?

10 The car <u>is moving</u>. 그 차는 움직이고 있다.

→ _____ _____ _____ _____? 그 차가 움직이고 있니?

⭐ 다음 괄호 안에 주어진 단어를 이용하여 의문문을 완성하세요.

VOCA 충전하기

lazy 게으른
prepare 준비하다
sweet 단, 달콤한
crowded 붐비는, 복잡한
thunder 천둥
understand 이해하다
cold 감기
check 확인하다
e-mail 이메일
festival 축제

1 A: _____ lazy? (I, be)
B: No, you aren't.

2 A: _____ dinner now? (Cathy, prepare)
B: No, she isn't.

3 A: _____ the game now? (they, win)
B: Yes, they are.

4 A: _____ sweet? (these apples, be)
B: Yes, they are.

5 A: _____ crowded? (the mall, be)
B: Yes, it was.

6 A: _____ afraid of the thunder? (you, be)
B: No, I wasn't.

7 A: _____ Spanish? (you, understand)
B: Yes, I do.

8 A: _____ a bad cold? (Mary, have)
B: No, she doesn't.

9 A: _____ your e-mail? (you, check)
B: Yes, I did.

10 A: _____ last Friday? (the festival, begin)
B: No, it didn't.

A 다음 밑줄 친 부분에 유의하여 주어진 문장을 의문문으로 바꿔 쓰세요.

1 They <u>are</u> soccer fans.

→ _____

2 These trees <u>are</u> dying.

→ _____

3 It <u>was</u> windy last night.

→ _____

4 You <u>go</u> out often.

→ _____

5 He <u>forgot</u> your name.

→ _____

> **VOCA 충전하기**
>
> **go out** 외출하다
> **fan** 팬
> **forget** 잊다, 잊어버리다

B 다음 우리말과 같은 뜻이 되도록 주어진 단어를 이용하여 문장을 완성하세요.

1 점심 먹을 시간이니? (be, it, time)

→ _____ for lunch?

2 너희 부모님은 일로 바쁘셨니? (be, your parents, busy)

→ _____ with work?

3 너는 매주 용돈을 받니? (do, you, get)

→ _____ allowance every week?

4 그 남자가 이상해 보이니? (do, the man, look)

→ _____ strange?

5 그들은 지난여름에 휴가를 즐겼니? (do, they, enjoy)

→ _____ their vacation last summer?

> **VOCA 충전하기**
>
> **allowance** 용돈
> **strange** 이상한
> **vacation** 휴가

정답 P. 06

⭐ **다음 우리말과 같은 뜻이 되도록 주어진 단어를 알맞게 배열하세요.**

1 그것이 꿈이었니? (it, a dream, was)

→ _____

2 이 퍼즐은 어렵니? (difficult, is, this puzzle)

→ _____

3 이 계란들은 비싸니? (are, expensive, these eggs)

→ _____

4 내가 그때 너를 다치게 했니? (I, then, hurt, did, you)

→ _____

5 너는 일기예보를 들었니? (hear, you, the weather report, did)

→ _____

6 그 컴퓨터가 잘 작동하고 있니? (working, is, well, the computer)

→ _____

7 너와 너의 형은 자주 싸우니? (fight often, you and your brother, do)

→ _____

8 아이들은 침대 위에서 뛰고 있었니? (the kids, on the bed, jumping, were)

→ _____

9 그녀는 매달 치과에 가니? (every month, go, does, to the dentist, she)

→ _____

10 너는 어제 브라이언의 집에 있었니? (you, at Brian's house, yesterday, were)

→ _____

VOCA 충전하기

dream 꿈
puzzle 퍼즐
expensive 비싼
weather report
일기예보
dentist 치과의사
go to the dentist
치과에 가다

정답 P. 07

⭐ 다음 우리말은 영어로, 영어는 우리말로 바꾸세요.

Eng GOGO

1
그는 힘이 세니?
(strong)

KOR 번역하기 →

ENG

2
너의 형들은 운동을 좋아하니?
(like, sports)

KOR 번역하기 →

ENG

3
마이크가 전화기를 잃어버렸니?
(Mike, lose, his phone)

KOR 번역하기 →

ENG

4
지난 주말에 날씨가 좋았니?
(the weather, nice, last weekend)

KOR 번역하기 →

ENG

5
Did you bring your passport?

ENG 번역하기 →

KOR

6
Does he waste much money?

ENG 번역하기 →

KOR

7
Are they famous actresses?

ENG 번역하기 →

KOR

[1-2] 다음 빈칸에 들어갈 말로 알맞은 것을 고르세요.

1

_____ you buy this sweater last Sunday?

① Are   ② Were   ③ Do   ④ Does   ⑤ Did

2

_____ he in the garden now?

① Is   ② Was   ③ Do   ④ Does   ⑤ Did

3 다음 대화의 빈칸에 들어갈 말이 바르게 짝지어진 것을 고르세요.

A: _____ they planning a party?
B: No, they _____.

① Are – are   ② Are – aren't   ③ Do – do
④ Do – don't   ⑤ Did – didn't

4 다음 밑줄 친 부분이 잘못된 것을 고르세요.

① Am I wrong?
② Do you have glue?
③ Was the movie boring?
④ Are the boys making kites?
⑤ Did she moved to Toronto last year?

5 다음 주어진 문장을 의문문으로 바르게 바꾼 것을 고르세요.

He took a walk yesterday.

① Is he took a walk yesterday?
② Was he take a walk yesterday?
③ Did he take a walk yesterday?
④ Does he took a walk yesterday?
⑤ Did he took a walk yesterday?

HINT 긴급충전

먼저 be동사 문장인지 일반동사 문장인지 파악하고, 현재 / 과거 문장인지도 차근차근 따져보면 답을 찾을 수 있어요.

6 다음 대화 중 자연스럽지 <u>않은</u> 것을 고르세요.

① A: Are you good at math?   B: Yes, I am.

② A: Were they your classmates last year?   B: No, they weren't.

③ A: Do Jessica and Max like each other?   B: No, they don't.

④ A: Is Jim packing his clothes?   B: Yes, he does.

⑤ A: Did you wash your hands?   B: Yes, I did.

[7-8] 다음 주어진 우리말을 영어로 옮길 때 주어진 단어를 이용하여 문장을 완성하세요.

7

너는 오늘 아침에 학교에 있었니? (be, you, at school)

→ _____ this morning?

8

그녀는 일찍 잠을 자니? (she, go)

→ _____ to bed early?

9 다음 밑줄 친 부분을 바르게 고쳐 다시 쓰세요.

Are you <u>look</u> for your phone now?

→ _____

> HINT 긴급충전
>
> 지금 진행 중인 상황은 「be동사 + -ing」형태로 나타내요.

10 다음 문장을 주어진 지시대로 바꿔 문장을 다시 쓰세요.

1)

I look funny in this hat. (의문문으로)

→ _____

2)

Is Kevin ready for the interview? (과거형으로)

→ _____

Unit 04 의문사가 있는 의문문

의문사	의문문의 형태
what 무엇 who 누가 when 언제 where 어디서 why 왜 how 어떻게	· be동사가 있는 의문사 의문문: 　의문사 + <u>be동사</u> + 주어? · 일반동사가 있는 의문사 의문문: 　의문사 + <u>do/does</u> + 주어 + <u>동사원형</u>?

1 의문사 what은 '무엇, 무슨, 어떤'이라는 뜻으로 사물이나 행동을 물을 때 사용한다.

A: What <u>is</u> your name?　너의 이름은 무엇이니?
B: My name is Dean Brown.　내 이름은 딘 브라운이야.

A: What <u>do</u> you <u>do</u> after school?　너는 방과 후에 무엇을 하니?
B: I do my homework.　나는 숙제를 해.

주어의 인칭이나, 수에 따라 동사의 형태가 달라져요.
What is <u>this</u>? (단수)
What are <u>these</u>? (복수)
What do <u>you</u> like? (2인칭)
What does <u>he</u> like? (3인칭 단수)

2 의문사 who는 '누구'라는 뜻으로 사람을 물을 때 사용한다.

A: Who <u>is</u> that boy?　저 소년은 누구니?
B: He is my little brother.　그는 내 남동생이야.

A: Who <u>did</u> you <u>meet</u> yesterday?　너는 어제 누구를 만났니?
B: I met Peter.　피터를 만났어.

'누구를'에 해당하는 의문사는 whom이지만 whom보다 who를 더 많이 써요.
Who(m) did you meet yesterday?

3 의문사 when은 '언제'라는 뜻으로 시간을 물을 때 사용한다.

A: When <u>is</u> your birthday?　너의 생일은 언제니?
B: My birthday is July 27th.　내 생일은 7월 27일이야.

A: When <u>does</u> your school <u>finish</u>?　학교는 언제 끝나니?
B: It finishes at three.　세 시에 끝나.

4 의문사 where는 '어디서'라는 뜻으로 장소를 물을 때 사용한다.

A: Where <u>are</u> they?　그들은 어디에 있니?
B: They are in the living room.　그들은 거실에 있어.

A: Where <u>do</u> you <u>live</u>?　너는 어디에 사니?
B: I live in Texas.　나는 텍사스에 살아.

5 의문사 why는 '왜'라는 이유를 물을 때 사용한다.

Why는 이유를 물을 때 사용하는 의문사로 because(왜냐하면)를 써서 대답해요.

A: Why <u>are</u> you so sad? 너는 왜 그렇게 슬프니?
B: **Because** my dog is sick. 내 개가 아프기 때문이야.

A: Why <u>does</u> he <u>like</u> her? 그는 왜 그녀를 좋아하니?
B: **Because** she is friendly. 그녀가 친절하기 때문이야.

6 의문사 how은 '어떻게, 얼마나'라는 뜻으로 방법이나 정도를 물을 때 사용한다.

의문사 의문문에는 Yes 또는 No로 대답할 수 없어요.

A: How <u>are</u> you? 어떻게 지내니?
B: I'm great. 잘 지내.

A: How <u>do</u> they <u>go</u> to school? 그들은 어떻게 학교에 가니?
B: They take the school bus. 통학버스를 타.

「how + 형용사/부사」는 '얼마나 ~한[하게]'의 의미예요.

How old <u>are</u> you? (나이) 너는 몇 살이니?
How long <u>did</u> you <u>study</u> last night? (기간) 너는 어젯밤 얼마나 오랫동안 공부했니?
How often <u>do</u> you <u>play</u> tennis? (빈도) 너는 얼마나 자주 테니스를 치니?
How many sisters <u>does</u> he <u>have</u>? (수) 그는 몇 명의 여자 형제가 있니?
How much <u>is</u> this? (양) 이것은 얼마니?

정답 P. 08

⭐ 다음 괄호 안에서 알맞은 의문사를 고르세요.

1 (What / Who) is this? 이것은 무엇이니?

2 (What / Who) are you? 너는 누구니?

3 (When / Why) did he leave? 그는 언제 떠났니?

4 (When / Where) is the restroom? 화장실이 어디니?

5 (Why / How) were you late? 너는 왜 늦었니?

6 (Where / How) does it taste? 그것은 맛이 어떠니?

⭐ 다음 우리말과 같은 뜻이 되도록 빈칸에 알맞은 의문사를 쓰세요.

1 _____ is your hobby?

너의 취미는 무엇이니?

2 _____ are you so excited?

너는 왜 그렇게 신이 나 있니?

3 _____ are the visitors?

방문객들이 누구니?

4 _____ do you get up?

너는 언제 일어나니?

5 _____ is the drugstore?

약국이 어디니?

6 _____ is your interview?

너의 인터뷰는 언제니?

7 _____ was your weekend?

너의 주말이 어땠니?

8 _____ do they come from?

그들은 어디 출신이니?

9 _____ does your father do?

너의 아버지는 무엇을 하시니?

10 _____ did you call me yesterday?

너는 왜 어제 나에게 전화를 했니?

VOCA 충전하기

hobby 취미
so 그렇게, 너무
visitor 방문객
drugstore 약국
interview 인터뷰, 면접

A 다음 밑줄 친 부분에 유의하여 괄호 안에서 알맞은 의문사를 고르세요.

1 A: (What / Who) is the boy next to Bella?

B: He is her brother.

2 A: (When / Where) did Jimmy arrive here?

B: He arrived at three.

3 A: (What / Where) did you get the bag?

B: I got it at the mall.

4 A: (Why / How) do you look so tired?

B: Because I stayed up late last night.

5 A: (What / Who) do you want for your birthday?

B: I want a new pair of sneakers.

B 다음 괄호 안에 주어진 단어를 이용하여 의문문을 완성하세요.

[1-3] 현재

1 Who _____ the men? (be)

2 Where _____ she work? (do)

3 How _____ I change my password? (do)

[4-6] 과거

4 Why _____ you absent from school? (be)

5 When _____ her wedding? (be)

6 What _____ you buy at the market? (do)

정답 P. 08

A 다음 [보기]에서 알맞은 것을 골라 대화를 완성하세요.

> 보기 how often   how long   how old   how many   how much

1 A: _____ is the movie?

B: It is two hours long.

2 A: _____ is this blouse?

B: It is 50 dollars.

3 A: _____ is your grandmother?

B: She is 87 years old.

4 A: _____ blankets do you need?

B: I need three blankets.

5 A: _____ do you get a haircut?

B: I get a haircut once a month.

> **VOCA 충전하기**
>
> **blouse** 블라우스
> **blanket** 담요
> **haircut** 이발, 머리 자르기
> **once** 한 번

B 다음 우리말과 같은 뜻이 되도록 주어진 단어를 이용하여 문장을 완성하세요.

1 너는 뭐라고 말했니? (you, say)

→ _____

2 우승자는 누구였니? (be, the winner)

→ _____

3 너의 차는 어디에 있니? (be, your car)

→ _____

4 테드가 그것에 대해서 어떻게 알았니? (Ted, know about it)

→ _____

> **VOCA 충전하기**
>
> **say** 말하다
> **winner** 승자

Unit 04 45

⭐ 다음 우리말과 같은 뜻이 되도록 주어진 단어를 알맞게 배열하세요.

1 다람쥐들은 무엇을 먹니? (eat, do, what, chipmunks)

→ _____

2 너의 신발은 어디에 있니? (are, your shoes, where)

→ _____

3 너의 휴가는 얼마나 기니? (your vacation, how long, is)

→ _____

4 그 영화는 어떻게 끝나니? (the movie, how, end, does)

→ _____

5 너는 왜 나에게 거짓말했니? (lie, you, why, to me, did)

→ _____

6 너는 몇 마리의 개가 있니? (do, how many, have, you, dogs)

→ _____

7 이 기계는 어떻게 작동하니? (this machine, work, does, how)

→ _____

8 캐나다에서 추수감사절은 언제니? (is, in Canada, Thanksgiving Day, when)

→ _____

9 너는 어디에서 중국어를 배웠니? (learn, you, where, did, Chinese)

→ _____

10 보스턴 행 다음 기차는 언제니? (for Boston, is, when, the next train)

→ _____

VOCA 충전하기

chipmunk 다람쥐
machine 기계
work 작동하다
next 다음의, 뒤의
Thanksgiving Day
추수감사절
Chinese 중국어

46

⭐ 다음 우리말은 영어로, 영어는 우리말로 바꾸세요.

1 그는 왜 우주에 관심이 있니?
(be, interested in, space)

KOR 번역하기 → ENG

2 이 배들은 얼마인가요?
(be, these pears)

KOR 번역하기 → ENG

3 그들은 베를린의 어디에서 묵었니?
(stay, in Berlin)

KOR 번역하기 → ENG

4 너의 누나는 대학에서 무엇을 공부하니? (your sister, study in college)

KOR 번역하기 → ENG

5 How is your school life?

ENG 번역하기 → KOR

6 How often do you exercise?

ENG 번역하기 → KOR

7 When does the bank open?

ENG 번역하기 → KOR

[1-2] 다음 빈칸에 들어갈 말로 알맞은 것을 고르세요.

1

A: _____ is that woman?

B: She is my teacher.

① What ② Who ③ When ④ Where ⑤ How

2

A: _____ are you angry at him?

B: Because he broke my smartphone.

① What ② Who ③ Where ④ Why ⑤ How

3 다음 빈칸에 공통으로 들어갈 말을 고르세요.

• _____ many people did you invite?

• _____ much is this scarf?

① What ② When ③ Where ④ Why ⑤ How

4 다음 중 밑줄 친 부분이 <u>어색한</u> 것을 고르세요.

① How <u>did</u> you get here?

② Where <u>does</u> Julia live?

③ Why <u>is</u> they so noisy?

④ What <u>was</u> the book title?

⑤ When <u>do</u> you usually eat dinner?

5 다음 질문의 대답으로 알맞은 것을 고르세요.

When did you read this book?

 HINT 긴급충전

when은 시간이나 때를 물어볼 때 쓰는 의문사예요.

① I read it a month ago. ② Yes, I read it before.

③ No. It looks interesting. ④ It was really boring.

⑤ I borrowed it from the library.

6 다음 대화 중 자연스럽지 <u>않은</u> 것을 고르세요.

① A: Who are they? B: They are my close friends.
② A: Why were you late? B: Because I got up late.
③ A: When did you move to London? B: Five years ago.
④ A: Where did you lose your bag? B: Yesterday evening.
⑤ A: What do you do after school? B: I usually do my homework.

7 다음 대화에서 밑줄 친 부분을 바르게 고쳐 쓰세요.

A: Where ⓐ <u>are</u> the subway station?
B: It is over there.
A: ⓑ <u>What</u> often does the subway run?
B: It runs every ten minutes.

ⓐ _____   ⓑ _____

8 다음 우리말과 같은 뜻이 되도록 주어진 단어를 알맞게 배열하세요.

1)
언제 그 사고가 발생했니? (did, happen, when, the accident)

→ _____

2)
저 머리가 긴 소녀는 누구니? (that girl, is, with long hair, who)

→ _____

[9-10] 다음 우리말과 같은 뜻이 되도록 주어진 단어를 이용하여 문장을 완성하세요.

9
무엇이 문제였니? (be, the problem)

→ _____

10
너는 왜 고양이들을 좋아하니? (like, cats)

→ _____

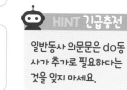
HINT 긴급충전
일반동사 의문문은 do동
사가 추가로 필요하다는
것을 잊지 마세요.

여러 가지 문장
(명령문/제안문/감탄문/부가의문문)

문장	형태
명령문	**(긍정)** 동사원형 ~. **(부정)** Don't + 동사원형 ~. = Never + 동사원형 ~.
제안문	**(긍정)** Let's + 동사원형 ~. **(부정)** Let's not + 동사원형 ~.
감탄문	What(+ a / an) + 형용사 + 명사(+ 주어 + 동사)! How + 형용사 / 부사(+ 주어 + 동사)!
부가의문문	**(긍정)** 주어 + 동사, be / do / 조동사의 부정 축약형 + 주격 대명사? **(부정)** 주어 + 동사의 부정형, be / do / 조동사의 긍정형 + 주격 대명사?

1 명령문은 어떤 행동을 하거나 하지 말라고 지시하거나 요청하는 문장이다.
'~해라' 또는 '~하지 마라'로 해석한다.

Please를 문장 앞이나 뒤에 쓰면 공손한 표현이 돼요.

Be quiet, please. 조용히 하세요.
Finish your homework. 너의 숙제를 끝내라.

Don't be late again.
= Never be late again. 다시는 늦지 마라.

Don't make a noise in the library.
= Never make a noise in the library. 도서관에서는 절대 떠들지 마라.

2 제안문은 어떤 행동을 하거나 하지 말자고 제안하거나 권유하는 문장이다.
'(우리) ~하자' 또는 '(우리) ~하지 말자'라고 해석한다.

Let's take a rest. 쉬자.
Let's not talk about it. 우리 그것에 대해 얘기하지 말자.

Power-up

제안이나 권유를 할 때 아래와 같은 표현을 사용할 수 있다.

Why don't we go to the movies? 우리 영화 보러 가는 게 어때?
How [What] about playing soccer? 축구를 하는 게 어때?

3 감탄문은 '매우 ~하구나!'라는 의미로 기쁨, 놀라움 등의 감정을 표현하는 문장이다. 「주어+동사」 외에 명사가 있으면 what으로, 없으면 how로 시작한다.

He is **a very brave** <u>boy</u>. 그는 정말 용감한 소년이다.
→ What a brave boy (he is)! 그는 매우 용감한 소년이구나!

You have **very beautiful** <u>eyes</u>. 너는 눈이 정말 예쁘다.
→ What beautiful eyes (you have)! 너는 눈이 매우 예쁘구나!

The building is **very tall**. 그 건물은 정말 높다.
→ How tall the building is! 그 건물은 매우 높구나!

You dance **very beautifully**. 너는 정말 아름답게 춤을 춘다.
→ How beautifully you dance! 너는 매우 아름답게 춤을 추는구나!

What 감탄문에서 명사가 복수이거나 셀 수 없는 명사인 경우 a(n)을 쓰지 않아요.

감탄문에서 주어와 동사는 생략할 수 있어요.

4 부가의문문은 상대방에게 동의를 구하거나 사실을 확인하고자 할 때 문장 뒤에 붙이는 의문문이다. 앞선 문장과 반대가 되도록 긍정/부정을 써야 하며 주어는 대명사로 쓴다.

	부가의문문	대답
be동사	<u>Mike</u> **is** a good student, <u>isn't he</u>? 마이크는 좋은 학생이야. 그렇지 않니?	Yes, he is. 그는 좋은 학생이야.
	<u>Mike</u> **is not** a good student, <u>is he</u>? 마이크는 좋은 학생이 아니야. 그렇지?	No, he isn't. 그는 좋은 학생이 아니야.
조동사	<u>Jane</u> **can** speak German, <u>can't she</u>? 제인은 독일어를 할 수 있어. 그렇지 않니?	Yes, she can. 그녀는 독일어를 할 수 있어.
	<u>Jane</u> **can't** speak German, <u>can she</u>? 제인은 독일어를 할 수 없어. 그렇지?	No, she can't. 그녀는 독일어를 할 수 없어.
일반동사	<u>You</u> **like** onions, <u>don't you</u>? 너는 양파를 좋아해. 그렇지 않니?	Yes, I do. 나는 양파를 좋아해.
	<u>You</u> **don't** like onions, <u>do you</u>? 너는 양파를 좋아하지 않아. 그렇지?	No, I don't. 나는 양파를 좋아하지 않아.
	<u>You</u> **didn't** call me, <u>did you</u>? 너는 나에게 전화하지 않았지. 그렇지?	Yes, I did. 나는 전화했어. No, I didn't. 나는 전화하지 않았어.

be동사와 조동사는 그대로 사용하고, 일반동사는 현재, 과거, 단수, 복수에 맞춰 do/does/did를 사용해요.

부가의문문이 긍정이든 부정이든 상관없이 대답하는 내용이 긍정이면 Yes, 부정이면 No로 대답해요.

Power-up

명령문과 제안문의 부가의문문은 긍정, 부정에 상관없이 각각 「명령문, will you?」, 「제안문, shall we?」를 사용해요.

<u>Don't run</u> around in the classroom, <u>will you</u>? 교실에서 뛰지 마. 그럴 거지?
<u>Let's go</u> to the beach, <u>shall we</u>? 해변에 가자. 그럴래?

A 다음 괄호 안에 주어진 단어를 이용하여 명령문을 완성하세요.

1 ＿＿＿＿＿＿＿ up. (hurry)

2 ＿＿＿＿＿＿＿ wisely. (think)

3 ＿＿＿＿＿＿＿ ＿＿＿＿＿＿＿ so sad. (be, not)

4 ＿＿＿＿＿＿＿ ＿＿＿＿＿＿＿ fast food. (eat, not)

5 ＿＿＿＿＿＿＿ ＿＿＿＿＿＿＿ ＿＿＿＿＿＿＿ at night. (go out, not)

6 ＿＿＿＿＿＿＿ ＿＿＿＿＿＿＿ in the theater. (be)

> **VOCA 충전하기**
>
> **hurry** 서두르다
> **think** 생각하다
> **wisely** 현명하게
> **fast food** 패스트푸드
> **go out** 외출하다
> **quiet** 조용한
> **theater** 극장

B 다음 우리말과 같은 뜻이 되도록 주어진 단어를 이용하여 문장을 완성하세요.

1 ＿＿＿＿＿＿＿ ＿＿＿＿＿＿＿ it again. (try) 그것을 다시 시도해 보자.

2 ＿＿＿＿＿＿＿ ＿＿＿＿＿＿＿ the subway. (take) 지하철을 타자.

3 ＿＿＿＿＿＿＿ ＿＿＿＿＿＿＿ a snowman. (make) 눈사람을 만들자.

4 ＿＿＿＿＿＿＿ ＿＿＿＿＿＿＿ ＿＿＿＿＿＿＿ here. (eat, not) 여기서 먹지 말자.

5 ＿＿＿＿＿＿＿ ＿＿＿＿＿＿＿ ＿＿＿＿＿＿＿ his room. (enter, not) 그의 방에 들어가지 말자.

6 ＿＿＿＿＿＿＿ ＿＿＿＿＿＿＿ ＿＿＿＿＿＿＿ the plan. (change, not) 계획을 바꾸지 말자.

> **VOCA 충전하기**
>
> **try** 시도하다, 애쓰다
> **subway** 지하철, 전철
> **enter** 들어가다, 들어오다

A 다음 빈칸에 주어진 단어를 배열하여 감탄문을 완성하세요.

1 _____ he works! (hard, how)

그는 매우 열심히 일하는구나!

2 _____ the movie was! (boring, how)

그 영화는 매우 지루했구나!

3 _____ these boxes are! (heavy, how)

이 상자들은 매우 무겁구나!

4 _____ it is! (lake, a, what, beautiful)

그것은 매우 아름다운 호수이구나!

5 _____ he is! (an, man, honest, what)

그는 매우 정직한 남자구나!

6 _____ you have! (ideas, what, great)

너는 매우 멋진 생각들을 가지고 있구나!

> **VOCA 충전하기**
> **boring** 지루한
> **heavy** 무거운
> **honest** 정직한, 솔직한
> **idea** 생각, 발상, 아이디어

B 다음 밑줄 친 부분에 유의하여 빈칸에 알맞은 말을 써서 부가의문문을 완성하세요.

1 It <u>was</u> my fault, _____ _____?

그것은 내 잘못이었어, 그렇지 않니?

2 She <u>can't</u> cook well, _____ _____?

그녀는 요리를 잘 못해, 그렇지?

3 Lena <u>is</u> a reporter, _____ _____?

레나는 기자야, 그렇지 않니?

4 You <u>don't</u> like horror movies, _____ _____?

너는 공포영화를 싫어해, 그렇지?

5 Jacob <u>misses</u> his family a lot, _____ _____?

제이콥은 자신의 가족을 많이 그리워해, 그렇지 않니?

6 They <u>didn't agree</u> with your plan, _____ _____?

그들은 너의 계획에 동의하지 않았어, 그렇지?

> **VOCA 충전하기**
> **fault** 잘못, 책임
> **reporter** 기자
> **horror** 공포
> **miss** 그리워하다
> **agree with** ~에 동의하다

A 다음 우리말과 같은 뜻이 되도록 괄호 안에 주어진 단어를 이용하여 문장을 완성하세요.
(단, 가능한 경우 축약형으로 쓸 것)

1 내 말을 잘 들어봐.

→ _____ to me carefully. (listen)

2 너무 걱정하지 말자.

→ _____ too much. (worry)

3 시간을 낭비하지 마라.

→ _____ your time. (waste)

4 여기서 길을 건너자.

→ _____ the street here. (cross)

5 두려워하지 마라.

→ _____ afraid. (be)

> **VOCA 충전하기**
> waste 낭비하다
> cross 건너다
> carefully 주의하여, 신중히

B 다음 밑줄 친 부분에 유의하여 괄호 안에 주어진 단어로 시작하는 감탄문으로 쓰세요.

1 The bird flies very high. (How)

→ _____

2 It was a very terrible accident. (What)

→ _____

3 She is very charming. (How)

→ _____

4 He has a very gentle smile. (What)

→ _____

5 These are very sweet peaches. (What)

→ _____

> **VOCA 충전하기**
> terrible 끔찍한, 지독한
> accident 사고
> charming 매력적인
> gentle 온화한
> peach 복숭아

⭐ 다음 우리말과 같은 뜻이 되도록 주어진 단어를 알맞게 배열하세요.

1 왼쪽으로 돌아서 앞으로 쭉 가세요. (and, left, straight, go, turn)

→ _____

VOCA 충전하기

turn 돌다, 돌리다
left 왼쪽의, 왼쪽으로
straight 똑바로, 곧장
any more 더 이상, 이제
huge 거대한, 엄청난
rock 바위, 암석
amazing 놀라운
experience 경험
order 주문하다

2 가위를 조심해라. (careful, be, with the scissors)

→ _____

3 여기서 사진을 찍지 마. (here, take, don't, a picture)

→ _____

4 차 한 잔 하자. (have, tea, a cup, let's, of)

→ _____

5 더 이상 여기에 머물지 말자. (not, stay, any more, here, let's)

→ _____

6 그 바위는 매우 거대하구나! (is, huge, the rock, how)

→ _____

7 그것은 매우 멋진 경험이었구나! (an, it, experience, what, was, amazing)

→ _____

8 클레어는 말을 탈 수 있어, 그렇지 않니? (can, she, Clare, a horse, ride, can't)

→ _____

9 그는 피자를 주문했어, 그렇지 않니? (ordered, he, didn't, he, a pizza)

→ _____

10 너는 어젯밤에 집에 없었어, 그렇지? (last night, you, were, at home, you, weren't)

→ _____

⭐ 다음 우리말은 영어로, 영어는 우리말로 바꾸세요.

EngGOGO

1 영화관 앞에서 만나자. (meet, in front of the theater)

KOR 번역하기 → ☆ ⬆ ENG

2 TV를 너무 많이 보지 마라. (watch, too much TV)

KOR 번역하기 → ☆ ⬆ ENG

3 그것은 매우 이상한 이야기구나! (a strange story)

KOR 번역하기 → ☆ ⬆ ENG

4 너는 설거지를 안 하지, 그렇지? (wash the dishes)

KOR 번역하기 → ☆ ⬆ ENG

5 Do your best.

ENG 번역하기 → ☆ ⬆ KOR

6 Let's not swim in this river.

ENG 번역하기 → ☆ ⬆ KOR

7 How long the bridge is!

ENG 번역하기 → ☆ ⬆ KOR

[1-2] 다음 빈칸에 들어갈 말로 알맞은 것을 고르세요.

1

It is cold outside, _____?

① is it ② isn't it ③ was it
④ does it ⑤ doesn't it

2

_____ beautiful flowers they are!

① What ② How ③ What a
④ What an ⑤ How a

3 다음 빈칸에 공통으로 들어갈 말을 고르세요.

· They don't speak English, _____ they?

· _____ your homework.

① be ② do ③ is ④ isn't ⑤ don't

4 다음 빈칸에 들어갈 말이 바르게 짝지어진 것을 고르세요.

_____ dirty your room is! _____ your room now.

HINT 긴급충전

감탄문과 명령문으로 해석
하면 문맥이 자연스러운 것
을 알 수 있어요.

① What – Clean ② What a – Cleaning
③ How – Clean ④ How a – Clean
⑤ How – Cleaned

5 다음 우리말을 영어로 바르게 옮긴 것을 고르세요.

공원에 가자!

① Go to the park. ② Let's go to the park.
③ Let go to the park. ④ Let's going to the park.
⑤ Go to the park, shall we?

6 다음 중 어법상 어색한 것을 고르세요.

① How lucky you are! ② Don't touch the paintings.

③ What a sad story it is! ④ Let's playing hide-and-seek.

⑤ Tim won first prize, didn't he?

[7-8] 다음 우리말과 같은 뜻이 되도록 주어진 단어를 이용하여 문장을 완성하세요.

7
> 우리 그것에 대해 말다툼하지 말자. (argue about it)
>
> → _____

8
> 너의 부모님께 정직해라. (honest, with your parents)
>
> → _____

HINT 긴급충전

명령문은 동사원형으로 시작하는데 형용사 밖에 없으니 다른 누군가가 필요해요.

9 다음 문장에서 어법상 어색한 부분을 바르게 고쳐 문장을 다시 쓰세요.

Dad can fix everything, doesn't he?

→ _____

10 다음 문장을 주어진 지시대로 바꿔 문장을 다시 쓰세요.

1) You tell him the truth. (명령문으로)

→ _____

2) The kitten is very cute. (how 감탄문으로)

→ _____

형용사와 부사

	역할 및 쓰임	예문
형용사	• 명사 수식 • 주어 보충 설명	It is a good idea. (명사 수식) We are happy. (주어 보충 설명: 보어)
부사	• 동사, 형용사, 다른 부사, 문장 전체 수식	Kate talks fast. (동사 수식) He can speak Spanish very well. (부사 수식)

1 형용사는 크기, 상태, 성질 등을 나타내는 말로, 대개 명사 앞에서 명사를 수식한다.

Lena has a cute cat. 레나는 귀여운 고양이 한 마리가 있다.
I like your green sweater. 나는 너의 초록색 스웨터가 마음에 든다.
Mark lives in that big house. 마크는 저 큰 집에 산다.

2 형용사는 be, look, feel, smell, sound, taste 등의 동사 뒤에서 주어를 설명해 준다.

She is shy and quiet. 그녀는 부끄럼이 많고 조용하다.
You look wonderful today. 너는 오늘 근사해 보인다.
It sounds interesting. 그것은 흥미롭게 들린다.

3 부사는 동사, 형용사, 다른 부사, 또는 문장 전체를 수식한다.

He acts strangely. (동사 수식) 그는 이상하게 행동한다.
They are very friendly. (형용사 수식) 그들은 매우 친절하다.
These plants grow very quickly. (다른 부사 수식) 이 식물들은 아주 빨리 자란다.
Luckily, he didn't get hurt. (문장 전체 수식) 다행히도, 그는 다치지 않았다.

대개 부사는 동사를 수식할 때는 동사의 뒤에, 형용사나 부사를 수식할 때에는 형용사나 부사 앞에 와요.

 **Power-up**

감각동사는 보고(look), 듣고(sound), 냄새 맡고(smell), 맛보고(taste), 느끼는(feel) 등의 사람의 감각을 표현하는 동사로, 감각동사 다음에는 주어를 보충 설명하는 말로 형용사가 와요.

You look beautiful. 너는 아름다워 보인다.
It sounds interesting. 그것은 흥미로운 것 같아.

4 부사의 형태는 다음과 같다.

대부분의 형용사	형용사 + -ly	kindly, sadly, slowly, loudly, carefully		
-y로 끝나는 형용사	y를 i로 고치고 + -ly	easy → easily, happy → happily, lucky → luckily		
-le로 끝나는 형용사	e를 빼고 + -y	simple → simply, gentle → gently		
형용사와 형태가 같은 부사	fast 빠른 – fast 빨리 late 늦은 – late 늦게	early 이른 – early 일찍 high 높은 – high 높게	hard 어려운 – hard 열심히	
기타 부사	very 매우 　　 so 아주	too 너무 　 pretty 꽤, 상당히	well 잘	

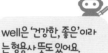

The lady **kindly** helped me. 그 부인이 친절하게도 나를 도와주었다.
They lived **happily**. 그들은 행복하게 살았다.

She can run very **fast**. 그녀는 매우 빨리 달릴 수 있다.
She is a **fast** runner. 그녀는 빠른 주자이다.

well은 '건강한, 좋은'이라는 형용사 뜻도 있어요.
You don't look well today.
너 오늘 몸이 안 좋아 보여.

Power-up

「부사 + ly」의 형태가 다른 뜻을 가지는 부사에 주의해야 해요.
hard 열심히 — hardly 거의 ~않은 / late 늦게 — lately 최근에

My dad works **hard**. 우리 아빠는 열심히 일하신다.
She **hardly** exercises. 그녀는 거의 운동하지 않는다.

5 빈도부사는 어떤 일이 얼마나 자주 일어나는지를 나타내는 부사로,
be동사나 조동사의 뒤, 일반동사 앞에 온다.

0% ←――――――――――――――――――――――――――→ 100%

never 전혀 ~않는 　 sometimes 때때로 　 often 종종/자주 　 usually 대개 　 always 항상

I <u>will</u> **never** give up. 나는 절대 포기하지 않을 것이다. (조동사 뒤)
I **sometimes** <u>feel</u> lonely. 나는 때때로 외로움을 느낀다. (일반동사 앞)
My parents <u>are</u> **always** busy. 우리 부모님은 항상 바쁘시다. (be동사 뒤)

Check-up 　　　　　　　　　　　　　　　　　　　　　정답 P. 11

★ 위에서 배운 규칙에 따라, 다음 형용사를 부사 형태로 변형하세요.

1 nice 　→ _____
2 bad 　→ _____
3 busy 　→ _____

4 simple 　→ _____
5 fast 　→ _____
6 slow 　→ _____

A 다음 주어진 형용사를 이용하여 그림을 묘사하세요.

1 a table (round) → _____ _____ _____

VOCA 충전하기
round 둥근
neck 목
tower 타워, 탑
sour (맛이) 신
thick 두꺼운

2 a neck (long) → _____ _____ _____

3 a tower (tall) → _____ _____ _____

4 a lemon (sour) → _____ _____ _____

5 a book (thick) → _____ _____ _____

B 다음 괄호 안에서 어법상 알맞은 것을 고르세요.

1 She cooks (well / good). 그녀는 요리를 잘한다.

VOCA 충전하기
gently 온화하게, 부드럽게
really 진짜로, 정말
silly 어리석은, 바보 같은
happily 행복하게, 다행히

2 Listen to me (careful / carefully). 내 말을 주의 깊게 들어줘.

3 She smiled (gently / gentley) at me. 그녀는 나에게 온화하게 미소 지었다.

4 It is a (real / really) silly question. 그것은 정말 우스운 질문이다.

5 Mrs. Johnson speaks very (fast / fastly). 존슨 아주머니는 매우 빨리 말한다.

6 (Happily / Happyly), I passed the test. 다행히, 나는 그 시험에 통과했다.

A 다음 우리말과 같은 뜻이 되도록 주어진 단어를 이용하여 문장을 완성하세요.

1 그 영화는 무서웠다. (be, scary)

→ The movie _____.

2 뉴욕은 놀라운 도시이다. (amazing, city)

→ New York is an _____.

3 이 샴푸는 좋은 냄새가 난다. (smell, good)

→ This shampoo _____.

4 이것은 심각한 문제이다. (serious, problem)

→ This is a _____.

5 그는 부드러운 목소리를 가졌다. (soft, voice)

→ He has a _____.

> **VOCA 충전하기**
>
> **scary** 무서운
> **shampoo** 샴푸
> **serious** 심각한
> **soft** 부드러운, 감미로운
> **voice** 목소리

B 다음 주어진 단어를 이용하여 문장을 완성하세요.

1 A plane is flying _____. (high) 비행기가 높이 날고 있다.

2 They got home _____. (safe) 그들은 안전하게 집에 도착했다.

3 The rumor spread _____. (fast) 그 소문은 빨리 퍼졌다.

4 _____, we found the restaurant. (lucky) 다행히 우리는 그 식당을 찾았다.

5 You can _____ solve this problem. (simple)

너는 간단하게 이 문제를 풀 수 있다.

6 _____, it appeared in front of us. (sudden)

갑자기, 그것이 우리 앞에 나타났다.

> **VOCA 충전하기**
>
> **plane** 비행기
> **get home** 귀가하다
> **safe** 안전한
> **spread** 퍼지다
> **simple** 간단한
> **sudden** 갑작스러운
> **appear** 나타나다
> **in front of** ~ 앞에
> **lucky** 운이 좋은

A 다음 [보기]처럼 주어진 단어를 이용하여 문장을 완성하세요.

> 보기 Emily likes food. (spicy) 에밀리는 음식을 좋아한다.
> → Emily likes spicy food. 에밀리는 매운 음식을 좋아한다.

> **VOCA 충전하기**
> spicy 매운
> everyone 모든 사람
> different 다른

1 She buys clothes. (expensive) 그녀는 옷을 산다.

→ _____ 그녀는 비싼 옷을 산다.

2 I had a dream last night. (terrible) 나는 어젯밤에 꿈을 꿨다.

→ _____ 나는 어젯밤에 끔찍한 꿈을 꿨다.

3 Everyone has ideas. (different) 모든 사람은 생각을 가진다.

→ _____ 모든 사람은 다른 생각을 가진다.

4 Chris is wearing pants. (white) 크리스는 바지를 입고 있다.

→ _____ 크리스는 흰 바지를 입고 있다.

B 다음 주어진 단어를 알맞은 곳에 넣어 문장을 다시 쓰세요.

1 You know the truth. (never)

→ _____

> **VOCA 충전하기**
> talk in one's sleep
> 잠꼬대하다

2 She is late for class. (often)

→ _____

3 We walk to school. (usually)

→ _____

4 He talks in his sleep. (sometimes)

→ _____

⭐ 다음 우리말과 같은 뜻이 되도록 주어진 단어를 알맞게 배열하세요.

1 슬프게도, 그녀는 지금 아프다. (she, now, sadly, is, sick)

→ _____

2 빙판길 조심해라. (on, roads, careful, be, icy)

→ _____

3 그는 매우 유명한 작가이다. (a, is, famous, writer, very, he)

→ _____

4 이 운동화는 편하다. (are, these, comfortable, sneakers)

→ _____

5 오늘 학교가 일찍 끝났다. (school, early, finished, today)

→ _____

6 발레리나들은 아름답게 춤췄다. (danced, the ballerinas, beautifully)

→ _____

7 우리는 거의 서로 잘 모른다. (we, each other, know, hardly)

→ _____

8 오늘은 내게 특별한 날이다. (for me, today, a, day, special, is)

→ _____

9 카라는 때때로 약속을 어긴다. (sometimes, her, breaks, promises, Cara)

→ _____

10 나는 7시 이후에는 대개 집에 있다. (after seven, at home, I, usually, am)

→ _____

VOCA 충전하기!

sadly 슬프게도
icy 빙판의
comfortable 편안한
ballerina 발레리나
special 특별한
after ~ 후에

64

⭐ 다음 우리말은 영어로, 영어는 우리말로 바꾸세요.

 Eng GOGO

1
우리는 나이가 같다.
(the, same, age)
→
KOR 번역하기
ENG

2
나는 종종 피곤함을 느낀다.
(feel, tired)
→
KOR 번역하기
ENG

3
하늘이 매우 맑다.
(the sky, very, clear)
→
KOR 번역하기
ENG

4
달팽이들은 천천히 움직이다.
(snails, move, slow)
→
KOR 번역하기
ENG

5
Alice lives in an old castle.
→
ENG 번역하기
KOR

6
Ted is sometimes very rude.
→
ENG 번역하기
KOR

7
Kevin hit the ball high.
→
ENG 번역하기
KOR

1 다음 중 형용사와 부사가 <u>잘못</u> 연결된 것을 고르세요.

① clear – clearly ② easy – easily ③ soft – softly
④ simple – simply ⑤ good – goodly

[2-3] 다음 빈칸에 들어갈 말로 알맞은 것을 고르세요.

2
Kate looks _____.

① happily ② lovely ③ sadly
④ wisely ⑤ kindly

HINT 긴급충전

단어가 –ly로 끝난다고 해서 모두 부사가 아니라는 것은 알고 있죠?

3
Tina can swim _____.

① well ② great ③ very ④ good ⑤ nice

4 다음 빈칸에 들어갈 말이 바르게 짝지어진 것을 고르세요.

• Cathy is studying very _____.
• They _____ see each other these days.

① hard – hard ② hardly – hard ③ hard – hardly
④ hardly – hardly ⑤ 답 없음

5 다음 문장에서 often이 들어갈 알맞은 위치를 고르세요.

He ① goes ② to ③ the ④ gym ⑤ after school.

6 다음 중 밑줄 친 부분이 어법상 어색한 것을 고르세요.

① The man is <u>brave</u>.

② Julia is a <u>good</u> student.

③ They are <u>very</u> popular.

④ These strawberries smell <u>sweet</u>.

⑤ He always drives his car <u>fastly</u>.

7 다음 우리말과 같은 뜻이 되도록 주어진 단어를 바르게 배열하세요.

HINT 긴급충전

빈도부사의 위치는 일반동사의 앞, 조동사와 be동사의 뒤에 와요.

1)

카렌은 항상 쾌활하다. (Karen, always, cheerful, is)

→ _____

2)

그는 아주 정직한 소년이다. (is, boy, a, he, honest, very)

→ _____

8 다음 밑줄 친 부분을 바르게 고쳐 쓰세요.

He went to bed ⓐ <u>earlily</u> last night, but he got up ⓑ <u>lately</u> today.

ⓐ _____   ⓑ _____

[9-10] 다음 우리말과 같은 뜻이 되도록 주어진 단어를 이용하여 문장을 완성하세요.

9

나는 너를 절대 용서하지 않을 거야. (will, forgive)

→ _____

10

너의 생각은 멋지게 들린다. (idea, sound, wonderful)

→ _____

기수	서수	수량형용사		
one (1) two (2) three (3) four (4) ⋮	first (1st) second (2nd) third (3rd) fourth (4th) ⋮	수	many + 셀 수 있는 명사(복수)	많은
		양	much + 셀 수 없는 명사	많은
		수, 양 모두	a lot + 셀 수 있는/없는 명사	많은
			some + 셀 수 있는/없는 명사	약간의
			any + 셀 수 있는/없는 명사	약간의

1 기수는 '하나, 둘, 셋' 등 개수를 나타내는 말이고, 서수는 '첫째, 둘째, 셋째' 등 순서를 나타내는 말이다. 서수는 주로 기수 뒤에 -th를 붙이고 앞에 the를 쓴다.

수	기수	서수	수	기수	서수
1	one	first	11	eleven	eleventh
2	two	second	12	twelve	twelfth
3	three	third	⋮	⋮	⋮
4	four	fourth	20	twenty	twentieth
5	five	fifth	21	twenty-one	twenty-first
6	six	sixth	22	twenty-two	twenty-second
7	seven	seventh	23	twenty-three	twenty-third
8	eight	eighth	⋮	⋮	⋮
9	nine	ninth	100	one hundred	one hundredth
10	ten	tenth	1000	one thousand	one thousandth

There are seven days in a week. 일주일은 7일이다.
We brush our teeth three times a day. 우리는 하루 세 번 이를 닦는다.

I'm in the third grade. 나는 3학년이다.
My apartment is on the fifth floor. 우리 아파트는 5층에 있다.

일반적으로 one을 제외한 기수 다음에는 복수명사가 오고, 서수 다음에는 단수명사가 와요.

2 수량형용사는 수나 양을 나타내는 형용사이다. many와 much는 둘 다 '많은'이라는 의미지만, many는 셀 수 있는 명사의 복수형을, much는 셀 수 없는 명사를 수식한다.

Daniel has **many friends**. 다니엘은 많은 친구가 있다.
Robots can do **many things**. 로봇들은 많은 일을 할 수 있다.

We don't have **much time**. 우리는 시간이 많지 않다.
There isn't **much sugar** in the bag. 자루에 설탕이 많지 않다.

3 a lot of는 '많은'이라는 의미로, 셀 수 있는 명사의 복수형과 셀 수 없는 명사를 모두 수식할 수 있다. a lot of는 lots of로 바꿔 쓸 수 있다.

A lot of **visitors** enjoy the festival. 많은 방문객들이 그 축제를 즐긴다.
There are lots of **stars** in the sky. 하늘에 많은 별이 있다.

He doesn't drink a lot of **water**. 그는 물을 많이 마시지 않는다.
Do you need lots of **money**? 너는 많은 돈이 필요하니?

4 some과 any는 '약간의'라는 의미로, 셀 수 있는 명사의 복수형과 셀 수 없는 명사를 모두 수식할 수 있다. some은 긍정문과 권유문에서, any는 부정문과 의문문에서 쓴다.

I borrowed some **books** from Jessica. 나는 제시카에게 몇 권의 책을 빌렸다.
Will you have some **cake**? 너 케이크 좀 먹을래?

We don't need any **help**. 우리는 어떤 도움도 필요하지 않다.
Do you have any **questions**? 너는 어떤 질문이 있니?

'some / any'와 비슷한 의미로 a few와 a little을 쓰는데 a few는 셀 수 있는 명사, a little은 셀 수 없는 명사와 쓰이고 a가 없으면 부정의 의미를 나타내요.

a few: 몇몇의
few: 거의 없는

a little: 약간의
little: 거의 없는

Check-up 정답 P. 13

⭐ **다음 박스 안을 채워 보세요.**

의미	셀 수 있는 명사	셀 수 없는 명사	셀 수 있는/없는 명사
몇몇의, 약간의	a few	a little	some (긍정문) any (부정문, 의문문)
많은	① _____	② _____	③ _____ = lots of

A 다음 주어진 기수를 서수로 바꿔 쓰세요.

1 one → _____

2 two → _____

3 three → _____

4 four → _____

5 five → _____

6 eleven → _____

7 twelve → _____

8 fourteen → _____

9 twenty → _____

10 twenty-one → _____

11 thirty-six → _____

12 fifty → _____

B 다음 그림을 보고 괄호 안에서 알맞은 것을 고르세요.

VOCA 충전하기

floor 바닥, 층
flight 비행기
hold 잡고 있다, 쥐고 있다
balloon 풍선

1  We live on the (five / fifth) floor.

2  Jimmy has (four / fourth) puppies.

3  The (one / first) flight leaves for London.

4  The girl is holding (six / sixth) balloons.

A 다음 밑줄 친 부분에 유의하여 빈칸에 many 또는 much를 쓰세요.

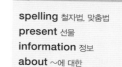

VOCA 충전하기

spelling 철자법, 맞춤법
present 선물
information 정보
about ~에 대한
war 전쟁

1 We saw _____ animals at the zoo.

2 She didn't drink _____ coffee yesterday.

3 I didn't get _____ sleep last night.

4 He made _____ mistakes in spelling.

5 Ted got _____ presents from his friends.

6 I didn't find _____ information about the war.

B 다음 빈칸에 some 또는 any를 쓰세요.

VOCA 충전하기

honey 꿀
hair 머리털
rose 장미
ice 얼음

1 Did you catch _____ fish?

2 Please get me _____ honey.

3 _____ people never say sorry.

4 Mr. Brown doesn't have _____ hair.

5 Carrie bought _____ roses for me.

6 There isn't _____ ice in the refrigerator.

정답 P. 13

A 다음 밑줄 친 부분을 many나 much로 바꿔 문장을 다시 쓰세요.

1 The teacher asks <u>a lot of</u> questions.

→ _____

2 There isn't <u>a lot of</u> noise on the street.

→ _____

3 There are <u>lots of</u> children at the park.

→ _____

4 Brenda knows <u>lots of</u> French words.

→ _____

5 We didn't have <u>a lot of</u> snow last year.

→ _____

> **VOCA 충전하기**
> **noise** 소음, (듣기 싫은) 소리
> **street** 거리, 도로
> **French** 프랑스어(의)

B 다음 우리말과 같은 뜻이 되도록 주어진 단어를 이용하여 문장을 완성하세요.

1 그녀는 두 번째 줄에 앉아 있다. (on, row)

→ _____

2 많은 학생들이 그 시험에 떨어졌다. (a lot, students, fail, the test)

→ _____

3 나는 몇 개의 초콜릿 쿠키를 원한다. (chocolate cookies)

→ _____

4 너는 어떤 특별한 계획이 있니? (have, special plans)

→ _____

> **VOCA 충전하기**
> **row** 줄, 열
> **fail** 실패하다

정답 P. 13

⭐ 다음 우리말과 같은 뜻이 되도록 주어진 단어를 알맞게 배열하세요.

VOCA 충전하기

trip 여행
fun 재미, 즐거움
meal 식사, 끼니
sweet 단것
visit 방문
housework 집안일
coin 동전
piggy bank 돼지 저금통
gold 금
cave 동굴

1 우리 음악을 좀 듣자. (listen to, music, let's, some)

→ _____

2 내게 어떤 소식이라도 있니? (for me, any, there, is, news)

→ _____

3 그 여행은 정말 재미있었다. (a lot of, was, the trip, fun)

→ _____

4 우리는 보통 하루에 세 끼를 먹는다. (eat, usually, three, a day, meals, we)

→ _____

5 너는 단것을 많이 먹으면 안 된다. (many, you, eat, must, sweets, not)

→ _____

6 이것이 나의 두 번째 로마 방문이다. (is, to Rome, my, this, visit, second)

→ _____

7 그녀는 절대 집안일을 하지 않는다. (never, she, housework, any, does)

→ _____

8 내 돼지저금통에는 동전이 많다. (many, are, coins, in my piggy bank, there)

→ _____

9 내 생일은 5월 11일이다. (of, May, my birthday, the eleventh, is)

→ _____

10 그들은 동굴에서 많은 금을 찾지 못했다. (much, in the cave, find, they, gold, didn't)

→ _____

⭐ 다음 우리말은 영어로, 영어는 우리말로 바꾸세요.

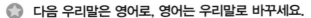
Eng GOGO

1 나는 일본에 친구가 몇몇 있다.
(have, in Japan) →
KOR 번역하기   ☆ ENG

2 오늘이 여행의 세 번째 날이다.
(today, day, of the trip) →
KOR 번역하기   ☆ ENG

3 그녀는 옷에 많은 돈을 쓰지 않는다. (spend, on clothes) →
KOR 번역하기   ☆ ENG

4 우리 오빠는 어떤 책도 읽지 않는다. (read, books) →
KOR 번역하기   ☆ ENG

5 Many people visit the museum. →
ENG 번역하기   ☆ KOR

6 She always gives a lot of advice to me. →
ENG 번역하기   ☆ KOR

7 There are 20 students in a class. →
ENG 번역하기   ☆ KOR

74

1 다음 중 기수와 서수가 <u>잘못</u> 짝지어진 것을 고르세요.

① one – first   ② two – twoth   ③ four – fourth
④ five - fifth   ⑤ twenty – twentieth

2 다음 빈칸에 들어갈 말로 알맞지 <u>않은</u> 것을 고르세요.

They have many _____.

① children   ② houses   ③ friends
④ money   ⑤ puppies

3 다음 빈칸에 공통으로 들어갈 말로 알맞은 것을 고르세요.

· We saw _____ dolphins in the sea.
· Do you have _____ homework?

① many   ② much   ③ a few
④ any   ⑤ a lot of

HINT 긴급충전

dolphin(돌고래)은
셀 수 있지만
homework(숙제)는
셀 수 없는 명사예요.

[4-5] 다음 빈칸에 들어갈 말이 바르게 짝지어진 것을 고르세요.

4   · I need two eggs and _____ oil.
· I don't have _____ classes on Tuesday.

① some – some   ② some – any   ③ any – some
④ many – any   ⑤ some – much

5   · Ron is in the _____ grade.
· There are _____ tomatoes in the basket.

① four – third   ② two – ten   ③ sixth – three
④ fifth – ninth   ⑤ first – second

6 다음 중 밑줄 친 부분이 어법상 어색한 것을 고르세요.

① Ryan wants <u>a lot</u> help.
② There isn't <u>much</u> hope.
③ Will you have <u>some</u> tea?
④ The book is on <u>the second</u> shelf.
⑤ The tree has <u>many</u> leaves.

7 다음 밑줄 친 부분을 바르게 고쳐 쓰세요.

> A: Do you have ⓐ <u>some</u> brothers or sisters?
> B: Yes, I do. I have ⓑ <u>third</u> sisters.

ⓐ _____   ⓑ _____

8 다음 우리말과 같도록 주어진 단어를 바르게 배열하세요.

1)
> 나에게 온 편지 좀 있니? (are, any, there, for me, letters)

→ _____

2)
> 많은 사람들이 버스를 기다리고 있다.
> (people, waiting, for the bus, many, are)

→ _____

[9-10] 다음 우리말과 같은 뜻이 되도록 주어진 단어를 이용하여 문장을 완성하세요.

9
> 냉장고에 우유가 많이 있니? (there, milk, in the refrigerator)
>
> → _____

10
> 내 방은 2층에 있다. (my room, on, floor)
>
> → _____

> **HINT 긴급충전**
>
> 2층은 '두 개의' 층이 아닌 '두 번째' 층을 의미하는 것이니 주의하세요.

전치사와 접속사

	시간			장소	
전치사	in ~에	in + 연도/계절/월/아침/점심/저녁	in ~ 안에	in + 공간의 내부/넓은 장소	
	on ~에	on + 요일/특정한 날	on ~ 위에	on + 접촉한 면	
	at ~에	at + 구체적 시점/시각	at ~에	at + 좁은 장소/하나의 지점	
접속사	and ~와, 그리고, 그래서		「단어 + 단어」, 「구 + 구」, 「절 + 절」 연결		
	but 그러나, 하지만				
	or 또는, 아니면				

1 시간 전치사 in은 연도, 계절, 월 등 비교적 긴 시간 앞에 쓰고, on은 요일이나 특정한 날 앞에 쓰며, at은 구체적인 시점이나 시각 앞에 쓴다.

전치사는 명사나 대명사 앞에 쓰여 시간, 장소 등을 나타내는 말이에요.

I was born in **2010**. 나는 2010년에 태어났다.
It rains a lot in **summer**. 여름에는 비가 많이 내린다.

What do you do on **Saturdays**? 너는 토요일에 무엇을 하니?
Children wait for Santa on **Christmas Eve**. 아이들은 크리스마스 이브에 산타를 기다린다.

Come to my home at **three**. 3시에 우리 집으로 와.
We usually have lunch at **noon**. 우리는 보통 정오에 점심을 먹는다.

2 장소 전치사 in은 '~ 안에'라는 뜻으로 공간의 내부나 비교적 넓은 장소 앞에 쓰고, on은 '~ 위에'라는 뜻으로 표면이 닿은 상태를 나타내며, at은 비교적 좁은 장소나 하나의 지점 앞에 쓰인다.

There is a rainbow in **the sky**. 하늘에 무지개가 있다.
The Eiffel Tower is in **Paris**. 에펠탑은 파리에 있다.

There is a big mirror on **the wall**. 벽에 큰 거울이 있다.
Your textbooks are on **the desk**. 너의 교과서들은 책상 위에 있다.

The kids are at **school** now. 아이들은 지금 학교에 있다.
I saw Julia and Brian at **the party**. 나는 파티에서 줄리아와 브라이언을 보았다.

3 접속사 and는 '~와, 그리고, 그래서'라는 뜻으로, 둘 이상의 비슷한 것을 연결한다.

접속사는 단어와 단어, 구와 구, 절과 절 등을 이어 주는 말이에요.

Tony and **Angela** are my classmates. (단어+단어) 토니와 안젤라는 우리 반 친구이다.
He **turned off the light** and **went to bed**. (구+구) 그는 불을 끄고 잠자리에 들었다.
The **train stopped**, and **we got off**. (문장+문장) 기차가 멈췄고, 우리는 내렸다.

4 접속사 or는 '또는, 아니면'이라는 뜻으로, 여러 대상 중 하나를 선택하는 경우에 쓴다.

He is **Canadian** or **American**. (단어+단어) 그는 캐나다인 또는 미국인이다.
You can **stay at home** or **go out with us**. (구+구) 너는 집에 있어도 되고 아니면 우리와 외출을 해도 좋다.
Are you happy, or **do you just look happy?** (문장+문장) 너는 행복한 거니, 아니면 그냥 행복해 보이는 거니?

 **Power-up**

「명령문, and ~」는 '~해라, 그러면 ~할 것이다'라는 의미이고,
「명령문, or ~」은 '~해라, 그렇지 않으면 ~할 것이다'라는 의미이다.

Do your best, and you will get good results. 최선을 다해라. 그러면 좋은 결과를 얻을 것이다.
Get up now, or you will be late for school. 지금 일어나라. 그렇지 않으면 학교에 지각할 것이다.

5 접속사 but은 '그러나, 하지만'이라는 뜻으로, 서로 대조되거나 반대되는 것을 연결한다.

He is **handsome** but **short**. (단어+단어) 그는 잘생겼지만 키가 작다.
Sam **likes dogs** but **doesn't like cats**. (구+구) 샘은 개는 좋아하지만 고양이는 좋아하지 않는다.
I **called her,** but **she didn't answer**. (문장+문장) 나는 그녀에게 전화했지만 그녀는 받지 않았다.

 **Check-up**

정답 P. 15

⭐ **다음 괄호 안에서 알맞은 것을 고르세요.**

1 겨울에 → (in / on / at) winter

2 4월 3일에 → (in / on / at) April 3rd

3 10시에 → (in / on / at) ten

4 탁자 위에 → (in / on / at) the table

5 집에 → (in / on / at) home

6 너와 나 → you (and / or / but) I

7 커피 또는 차 → coffee (and / or / but) tea

8 게으르지만 똑똑한 → lazy (and / or / but) clever

정답 P. 15

A 다음 그림을 보고 빈칸에 전치사 in, on, 또는 at을 쓰세요.

1 My birthday is _____ December.

내 생일은 12월에 있다.

2 The game starts _____ two o'clock.

그 경기는 2시에 시작한다.

3 The city library is closed _____ Mondays.

그 시립도서관은 월요일마다 문을 닫는다.

4 There is popcorn _____ the bowl.

그릇에 팝콘이 있다.

5 He is sitting _____ the desk.

그는 책상에 앉아 있다.

VOCA 충전하기

December 12월
popcorn 팝콘
library 도서관
bowl 그릇, 사발

B 다음 밑줄 친 부분에 유의하여 빈칸에 and, but 또는 or를 쓰세요.

1 Susan is tall _____ thin. 수잔은 키가 크고 말랐다.

2 They are rich _____ unhappy. 그들은 부자이지만 행복하지 않다.

3 I will be a pianist _____ an artist. 나는 피아니스트 또는 화가가 될 것이다.

4 She was sad, _____ she didn't cry. 그녀는 슬펐지만 울지 않았다.

5 You can go now _____ stay here. 너는 지금 가도 되고, 아니면 여기 있어도 된다.

VOCA 충전하기

thin 마른, 얇은
rich 부유한
unhappy 불행한
artist 화가, 예술가

A 다음 주어진 단어를 이용하여 문장을 완성하세요. (단, on, at, in을 사용할 것)

1 Emily lay _____. (the floor) 에밀리는 바닥에 누웠다.

2 Koalas are active _____. (night) 코알라는 밤에 활동을 한다.

3 What is _____? (the gift box) 선물 상자 안에 뭐가 있니?

4 My parents got married _____. (2008)
우리 부모님은 2008년에 결혼하셨다.

5 We usually go out for dinner _____. (Friday)
우리는 주로 금요일에 저녁을 나가서 먹는다.

> **VOCA 충전하기**
> active 활동적인
> get married 결혼하다
> go out for dinner
> 저녁을 먹으러 나가다

B 다음 주어진 단어를 이용하여 문장을 완성하세요. (단, and, but, or를 사용할 것)

1 They study hard _____. (day, night)
그들은 낮과 밤으로 열심히 공부한다.

2 He _____. (got up early, was late)
그는 일찍 일어났지만 지각했다.

3 We go abroad _____ a year. (once, twice)
우리는 일 년에 한 번 또는 두 번 외국에 간다.

4 These earrings are _____. (beautiful, expensive)
이 귀걸이는 예쁘지만 비싸다.

5 I _____. (took a shower, went to bed)
나는 샤워를 하고 잠자리에 들었다.

> **VOCA 충전하기**
> abroad 해외에, 외국에
> once 한 번
> twice 두 번
> earring 귀걸이
> take a shower 샤워하다
> go to bed 잠자리에 들다

A 다음 우리말과 같은 뜻이 되도록 주어진 단어를 이용하여 문장을 완성하세요.

1 우리 4시에 만나자. (meet, four)

→ _____

VOCA 충전하기

someone 어떤 사람, 누구

2 나는 아침에 머리를 감는다. (wash, my hair, the morning)

→ _____

3 그녀의 휴가는 7월 10일에 시작한다. (her vacation, start, July 10th)

→ _____

4 우리 조부모님은 시카고에 사신다. (my grandparents, Chicago)

→ _____

5 문가에 누가 있나요? (there, someone, the door)

→ _____

B 다음 주어진 접속사를 이용하여 밑줄 친 부분을 연결하는 한 문장으로 쓰세요.

1 Terry is short. Terry is strong. (but)

→ _____

VOCA 충전하기

strong 힘이 센, 강한
quickly 빨리
carefully 신중히, 주의하여
vanilla 바닐라

2 I met Mandy. I had dinner with her. (and)

→ _____

3 I invited him. He didn't come. (, but)

→ _____

4 You must do the work quickly. You must do the work carefully. (and)

→ _____

5 Do you want chocolate ice cream? Do you want vanilla ice cream? (or)

→ _____

⭐ **다음 우리말과 같은 뜻이 되도록 주어진 단어를 알맞게 배열하세요.**

1 빌은 뛰었지만, 버스를 놓쳤다. (missed, but, the bus)

→ Bill ran _____.

2 그의 이름은 제이 아니면 제이크이다. (Jay, his name, Jake, or, is)

→ _____

3 여름에는 매우 덥다. (is, hot, very, in, it, summer)

→ _____

4 그녀는 9시에 여기에 올 것이다. (at, here, will, she, be, nine)

→ _____

5 신호등에서 오른쪽으로 도세요. (the traffic light, right, at, turn)

→ _____

6 많은 사람들이 호수에서 수영을 하고 있다. (people, are swimming, the lake, a lot of, in)

→ _____

7 나는 화요일마다 바이올린 강습이 있다. (violin lessons, Tuesdays, I, on, have)

→ _____

8 벽에 있는 그림들을 만지지 마시오. (the paintings, touch, the wall, don't, on)

→ _____

9 우리 엄마는 복숭아와 체리를 사셨다. (bought, my mom, and, peaches, cherries)

→ _____

10 너는 집에 있었니, 아니면 영화 보러 갔었니? (did, go to, or, you, the movies)

→ Were you at home, _____?

VOCA 충전하기

hot 더운
traffic light 신호등
touch 만지다, 건드리다
painting 그림
cherry 체리

82

⭐ 다음 우리말은 영어로, 영어는 우리말로 바꾸세요.

Eng GOGO

1 벽에 그림 하나가 있다.
(there, picture, the wall)

KOR 번역하기 → ENG

2 그녀는 세계에서 최고의 스케이터이다.
(the best skater, the world)

KOR 번역하기 → ENG

3 에밀리는 빨간 머리와 갈색 눈을 가지고 있다.
(red hair, brown eyes)

KOR 번역하기 → ENG

4 쓰레기차는 월요일과 목요일마다 온다. (the garbage truck, Mondays, Thursdays)

KOR 번역하기 → ENG

5 We can go there by bus or subway.

ENG 번역하기 → KOR

6 He always goes to bed at midnight.

ENG 번역하기 → KOR

7 She enjoys a cup of tea in the afternoon.

ENG 번역하기 → KOR

[1-2] 다음 빈칸에 들어갈 말로 알맞은 것을 고르세요.

1

My school starts _____ nine.

① in   ② at   ③ on   ④ and   ⑤ or

2

Sally is from Spain _____ Poland.

① in   ② at   ③ on   ④ but   ⑤ or

3 다음 빈칸에 들어갈 말로 알맞지 <u>않은</u> 것을 고르세요.

My sister studies in _____.

① the morning   ② London   ③ the library
④ Monday   ⑤ the evening

> **HINT 긴급충전**
> 전치사 in과 어울리지 않는 명사를 잘 골라 보세요.

4 다음 두 문장을 한 문장으로 연결할 때 빈칸에 알맞은 것을 고르세요.

I went home. I took a rest.
→ I went home _____ took a rest.

① and   ② but   ③ or   ④ in   ⑤ at

5 다음 빈칸에 들어갈 말이 나머지 넷과 <u>다른</u> 하나를 고르세요.

① Luke lives _____ the seventh floor.
② I arrived in New York _____ noon.
③ She put her keys _____ the table.
④ The museum will open _____ June 1st.
⑤ We invite her to dinner _____ Saturdays.

6 다음 밑줄 친 부분이 <u>어색한</u> 것을 고르세요.

① Rachel is clever <u>+</u> pretty.

② Will you stay here <u>and</u> leave?

③ My brother is tall, <u>but</u> I'm short.

④ He is a teacher, <u>and</u> she is a designer.

⑤ I didn't eat breakfast, <u>but</u> I'm not hungry.

7 다음 빈칸에 공통으로 들어갈 전치사를 쓰세요.

1)
> · Kate doesn't eat anything _____ night.
>
> · Go straight and turn left _____ the corner.

2)
> · They moved to Seattle _____ 2018.
>
> · Dean is _____ France now.

🤖 HINT 긴급충전

연도와 넓은 장소에 어울리는 전치사를 잘 생각해 보세요.

[8-9] 다음 우리말과 같은 뜻이 되도록 주어진 단어를 이용하여 문장을 완성하세요.

8
> 그 음식은 싸지만 맛있다. (the food, cheap, good)
>
> → _____

9
> 나는 크리스마스 날에 태어났다. (be born, Christmas Day)
>
> → _____

10 다음 주어진 접속사를 이용하여 두 문장을 한 문장으로 연결하세요.

1)
> It's March. It's still cold. (but)
>
> → _____

2)
> You can have yogurt. You can have pudding. (or)
>
> → _____

THIS IS

GRAMMAR

Starter

3

Workbook

A 다음 문장을 완성한 후, 퍼즐에서 숨겨진 정답을 찾으세요.

1 They _____ a good time at the party.
그들은 파티에서 즐거운 시간을 보냈다.

2 We _____ classmates in the 3rd grade.
우리는 3학년 때 반 친구였다.

3 She _____ a fashion designer.
그녀는 패션 디자이너이다.

4 I _____ allowance every week.
나는 매주 용돈을 받는다.

5 The police are _____ for a child.
경찰이 한 아이를 찾고 있다.

z	m	n	e	r	x	c	y	u	i
s	w	l	g	i	o	h	f	g	p
t	p	e	e	a	b	z	a	o	l
a	t	o	r	p	t	y	s	d	k
c	h	k	h	e	e	v	c	d	a
q	b	r	g	y	w	h	h	s	s
s	w	l	o	o	k	i	n	g	d
b	k	i	j	v	w	s	k	o	f
b	g	h	t	c	n	e	m	x	g

B 다음 우리말과 같은 뜻이 되도록 알맞은 단어를 연결하여 문장을 완성하세요.

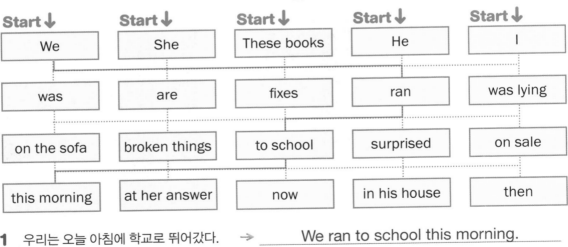

Start ↓	Start ↓	Start ↓	Start ↓	Start ↓
We	She	These books	He	I
was	are	fixes	ran	was lying
on the sofa	broken things	to school	surprised	on sale
this morning	at her answer	now	in his house	then

1 우리는 오늘 아침에 학교로 뛰어갔다. → <u>We ran to school this morning.</u>

2 그녀는 그때 소파에 누워 있었다. → _____

3 이 책들은 지금 할인 중이다. → _____

4 그는 집에 있는 고장 난 것들을 고친다. → _____

5 나는 그녀의 대답에 놀랐다. → _____

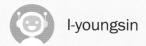 **l-youngsin**

📷 **우리말을 영어로 번역하여 SNS에 올려보세요.**

1 그들은 쌍둥이이다. (be, twins)

→ _____

2 너는 영어를 잘한다. (speak, English well)

→ _____

3 그것은 갑자기 멈췄다. (stop, suddenly)

→ _____

4 우리는 피곤하고 졸렸다. (be, tired and sleepy)

→ _____

5 나는 그때 교실에 있었다. (be, in the classroom, then)

→ _____

6 그녀는 체육관에서 운동한다. (exercise, at the gym)

→ _____

7 그는 훌륭한 피아니스트이다. (be, a great pianist)

→ _____

8 우리는 숙제를 하고 있는 중이다. (do, our homework)

→ _____

9 샘은 어제 자신의 책가방을 잃어버렸다. (Sam, lose, his school bag)

→ _____

10 우리 엄마는 그때 저녁을 만들고 있었다. (my mom, make, at that time)

→ _____

좋아요 5,921개
#다양한 문장 #긍정문 #be동사 #일반동사 #현재·과거 진행

A 다음 주어진 단어를 이용하여 문장을 완성한 후 답으로 피라미드를 만드세요.
(단, 피라미드가 내려갈수록 답의 길이는 같거나 늘어나야 할 것)

1 그것은 내 계획이 아니었다. (be, not)

→ It _____ my plan.

2 우리는 여행 갈 준비가 안 되어있다. (be, not)

→ We _____ ready for the trip.

3 그는 나에게 작별 인사를 하지 않았다. (say, not)

→ He _____ goodbye to me.

4 나는 변화를 원하지 않는다. (want, not)

→ I _____ any changes.

5 이 모자는 너에게 어울리지 않는다. (fit, not)

→ This hat _____ you.

6 그들은 지금 서로 이야기하고 있지 않다. (talk, not)

→ They _____ to each other now.

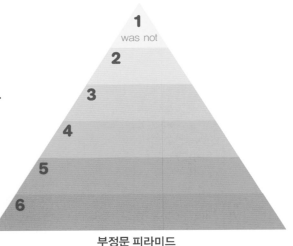

1
2
3
4
5
6

부정문 피라미드

B 다음 그림을 보고, 주어진 단어를 바르게 배열하여 문장을 완성하세요.

1

_____

(these potatoes, fresh, not, are)

2

_____

(do well, he, on his test, didn't)

3

_____

(have, doesn't, short hair, she)

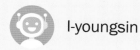
📷 **우리말을 영어로 번역하여 SNS에 올려보세요.** (단, 축약형으로 쓰지 말 것)

1 우리는 친한 친구가 아니다. (close friends)

→ _____

2 그는 그때 거짓말을 하고 있지 않았다. (lie, at that time)

→ _____

3 그 버스는 여기에 정차하지 않는다. (the bus, stop, here)

→ _____

4 나는 해답을 찾지 못했다. (find, the answer)

→ _____

5 그녀는 지금 웃고 있지 않다. (laugh, now)

→ _____

6 좋은 시간이 아니다. (it, a good time)

→ _____

7 그들은 경찰관들이 아니었다. (police officers)

→ _____

8 너는 나의 충고를 받아들이지 않는다. (take, my advice)

→ _____

9 우리 부모님은 아무것도 묻지 않았다. (ask, anything)

→ _____

10 나는 그것에 대해 미안하지 않다. (sorry, about it)

→ _____

좋아요 4,562개
#부정문 #be동사의 부정 #일반동사의 부정 #진행 시제의 부정

A 다음 문장을 완성한 후, 미로에서 숨겨진 정답을 찾으세요.

1 _____ it a good idea? 그것은 좋은 생각이니?

2 _____ this stew taste good? 이 스튜는 맛이 있니?

3 _____ your parents proud of you?
너의 부모님은 너를 자랑스러워했니?

4 _____ they learn Chinese at school?
그들은 학교에서 중국어를 배우니?

5 _____ the kids playing with their dog?
아이들은 개와 놀고 있니?

6 _____ she sing at the party last night?
어젯밤에 그녀는 파티에서 노래를 불렀니?

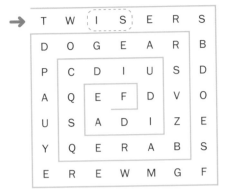

B 다음 우리말과 같은 뜻이 되도록 알맞은 단어를 연결하여 문장을 완성하세요.

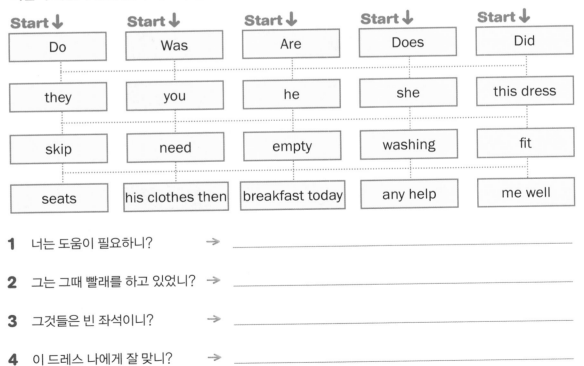

Start ↓	Start ↓	Start ↓	Start ↓	Start ↓
Do	Was	Are	Does	Did
they	you	he	she	this dress
skip	need	empty	washing	fit
seats	his clothes then	breakfast today	any help	me well

1 너는 도움이 필요하니? → _____

2 그는 그때 빨래를 하고 있었니? → _____

3 그것들은 빈 좌석이니? → _____

4 이 드레스 나에게 잘 맞니? → _____

5 그녀는 오늘 아침을 걸렀니? → _____

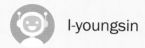
📷 **우리말을 영어로 번역하여 SNS에 올려보세요.**

1 너는 배가 부르니? (be, full)

→ _____

2 그것이 내 실수였니? (be, my mistake)

→ _____

3 우리 무슨 문제 있니? (have, any problem)

→ _____

4 영화가 5시에 끝나니? (the movie, end, at five)

→ _____

5 그들이 너를 자주 방문하니? (visit, often)

→ _____

6 제가 이것을 제대로 하고 있는 건가요? (do, this, correctly)

→ _____

7 애나는 그때 막대사탕을 먹고 있었니? (Anna, eat, a lollipop, then)

→ _____

8 그가 내 컴퓨터를 망가뜨렸니? (break, my computer)

→ _____

9 너는 어젯밤에 이를 닦았니? (brush, your teeth, last night)

→ _____

10 너의 엄마는 매주 쇼핑하러 가시니? (go shopping, every week)

→ _____

좋아요 4,032개

#일반동사 #일반 의문문 #be동사의 의문문 #일반동사의 의문문 #진행 시제의 의문문

A 다음 퍼즐과 대화를 의문사를 이용하여 완성하세요.

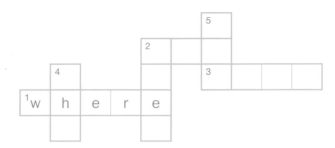

 Across →

1 A: ___Where___ are your brothers?　　　　B: They are in the playground.

2 A: _____ is your best friend?　　　B: My best friend is Lucy.

3 A: _____ does the store sell?　　　B: It sells used books.

Down ↓

2 A: _____ is your birthday party?　　B: It is this Saturday.

4 A: _____ do they always fight?　　B: Because they don't like each other.

5 A: _____ is the weather outside?　　B: It is sunny.

B 다음 코드표를 보고 알맞은 단어를 찾아 의문문을 완성하세요.

1

▨◆★ ◆▶☰ ▧◎ ▨▥? (4단어)

→ _____

2

★▨▥▽ ☰◆▥◎ ◎▨▥ ◣▥● ◐◇? (5단어)

→ _____

94

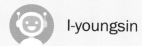
◎ **우리말을 영어로 번역하여 SNS에 올려보세요.**

1 너의 꿈은 무엇이니? (be, your dream)

→ _____

2 그녀는 누구와 일하니? (work with)

→ _____

3 너는 어떻게 학교에 가니? (go to school)

→ _____

4 그는 무엇을 잊어버렸니? (forget)

→ _____

5 너의 역사 시험은 언제니? (be, your history test)

→ _____

6 이 바지는 얼마인가요? (be, these pants)

→ _____

7 너는 언제 팔을 다쳤니? (hurt, your arm)

→ _____

8 그녀는 어디에서 점심을 먹니? (eat lunch)

→ _____

9 그들이 어제 왜 그렇게 바빴니? (be, so busy)

→ _____

10 바구니에는 얼마나 많은 계란이 있니? (eggs, be, there, in the basket)

→ _____

좋아요 5,165개
#의문사가 있는 의문문 #의문사 #what, who, when, where, why, how

A 다음 주어진 단어를 이용하여 문장을 완성한 후 답으로 피라미드를 만드세요.

(단, 피라미드가 내려갈수록 답의 길이는 같거나 늘어나야 할 것)

1 다른 사람들에게 친절해라. (kind)

→ _____ to other people.

2 그들은 독일인이 아니야, 그렇지? (be)

→ They aren't German, _____?

3 너무 멀리 가지는 마라. (go)

→ _____ too far.

4 그는 매우 재미있구나! (funny)

→ _____ he is!

5 밖에 나가지 말자. (go)

→ _____ out.

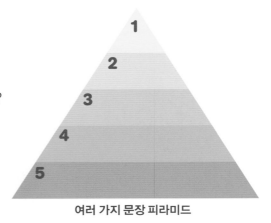

여러 가지 문장 피라미드

B 다음 우리말과 같은 뜻이 되도록 알맞은 단어를 연결하여 문장을 완성하세요.

Start ↓	Start ↓	Start ↓	Start ↓	Start ↓
Don't	Let's	How	What	She
slowly	will	be	excellent	invite
singers	them	arrive soon	angry	the turtle
moves	with me	they are	to dinner	won't she

1 나에게 화내지 마. → _____

2 그들을 저녁에 초대하자. → _____

3 거북은 매우 천천히 움직이는구나! → _____

4 그들은 매우 훌륭한 가수들이구나! → _____

5 그녀는 곧 도착할 거야, 그렇지 않니? → _____

[◎] **우리말을 영어로 번역하여 SNS에 올려보세요.**

1 맛있게 드세요. (enjoy, your meal)

→ _____

2 무례하게 굴지 마라. (be, rude)

→ _____

3 게임을 하자. (play, a game)

→ _____

4 학교에 늦지 말자. (not, be, late for school)

→ _____

5 그것은 매우 재미있는 책이구나! (interesting, book)

→ _____

6 그녀는 수영을 매우 잘하는구나! (well, swim)

→ _____

7 그 소식은 매우 놀랍구나! (surprising, the news)

→ _____

8 너는 매우 긴 머리를 가지고 있구나! (long hair, have)

→ _____

9 그들은 결승전에서 이겼어, 그렇지 않니? (win, the final game)

→ _____

10 너는 시간이 더 필요하지 않아, 그렇지? (need more time)

→ _____

좋아요 3,721개

#명령문 #제안문 #감탄문 #부가의문문

A 다음 문장을 완성한 후, 퍼즐에서 숨겨진 정답을 찾으세요.

1 She is working _____.

그녀는 열심히 일한다.

2 Ben speaks very _____.

벤은 매우 시끄럽게 말한다.

3 I will _____ be there for you.

나는 항상 너를 위해 있을 거야.

4 This spaghetti tastes _____.

이 스파게티는 맛이 정말 없다.

5 He is wearing a _____ sweater.

그는 노란 스웨터를 입고 있다.

t	l	o	p	e	s	r	s	b
h	t	e	r	r	i	b	l	e
k	o	p	e	r	s	f	g	u
q	d	f	a	l	w	a	y	s
w	y	w	r	v	b	s	e	i
s	i	o	x	e	v	e	l	o
z	n	y	l	d	u	o	l	y
v	j	o	p	g	h	w	o	u
n	h	a	r	d	i	k	w	k
j	k	r	t	s	t	f	j	i

B 다음 우리말과 같은 뜻이 되도록 알맞은 단어를 연결하여 문장을 완성하세요.

Start ↓	Start ↓	Start ↓	Start ↓	Start ↓
Rick	Soccer	You	I	They
is	are	looks	usually	spend
have	their	an	eating	young
money	too	for	exciting	dinner
slowly	wisely	sport	his age	at seven

1 릭은 나이에 비해 어려 보인다. → _____

2 축구는 신나는 운동이다. → _____

3 너는 너무 천천히 먹고 있다. → _____

4 나는 보통 저녁을 7시에 먹는다. → _____

5 그들은 현명하게 자신들의 돈을 소비한다. → _____

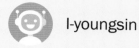 **l-youngsin**

📷 **우리말을 영어로 번역하여 SNS에 올려보세요.**

1 로라는 너무 빨리 말한다. (Laura, talk, too)

→ _____

2 그녀는 시험에 늦었다. (late, for the exam)

→ _____

3 나는 이제 건강한 기분이 든다. (feel, healthy, now)

→ _____

4 그 책은 정말 지루하다. (the book, really, boring)

→ _____

5 그것은 편안한 소파이다. (comfortable, sofa)

→ _____

6 그들은 보통 월요일마다 바쁘다. (busy, on Mondays)

→ _____

7 사라는 그 문제를 재빨리 풀었다. (Sarah, solve, the problem)

→ _____

8 그 이야기는 매우 재미있게 들린다. (the story, so, funny)

→ _____

9 나는 결코 모든 것을 기억할 수 없다. (can, remember, everything)

→ _____

10 그는 때때로 중요한 것들을 잊어버린다. (forget, important, things)

→ _____

♡ ○ ◁

좋아요 6,325개
#형용사와 부사 #형용사와 부사의 쓰임 #부사의 형태 #빈도부사

A 다음 문장을 완성한 후, 미로에서 숨겨진 정답을 찾으세요.

1 My mom has so _____ worries.
우리 엄마는 걱정이 너무 많으시다.

2 This work will take _____ time.
이 일은 시간이 좀 걸릴 것이다.

3 It is the _____ movie of the series.
그것은 이 시리즈 중의 두 번째 영화이다.

4 Money doesn't bring _____ happiness.
돈은 많은 행복을 가져다주지 않는다.

5 Mark never eats _____ fruit.
마크는 어떤 과일도 절대 먹지 않는다.

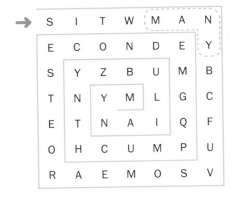

B 다음 우리말과 같은 뜻이 되도록 알맞은 단어를 연결하여 문장을 완성하세요.

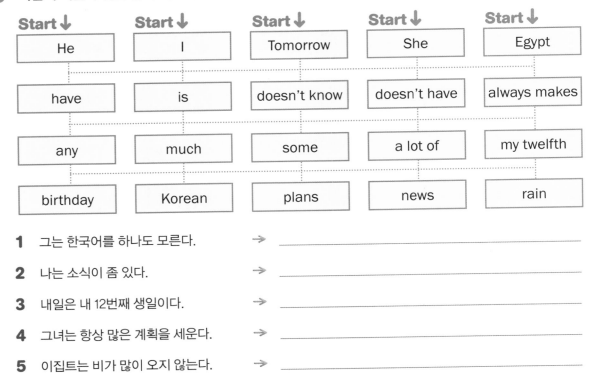

Start ↓	Start ↓	Start ↓	Start ↓	Start ↓
He	I	Tomorrow	She	Egypt
have	is	doesn't know	doesn't have	always makes
any	much	some	a lot of	my twelfth
birthday	Korean	plans	news	rain

1 그는 한국어를 하나도 모른다. → _____

2 나는 소식이 좀 있다. → _____

3 내일은 내 12번째 생일이다. → _____

4 그녀는 항상 많은 계획을 세운다. → _____

5 이집트는 비가 많이 오지 않는다. → _____

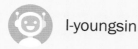 우리말을 영어로 번역하여 SNS에 올려보세요.

1 어떤 새는 날 수 없다. (birds, fly)

→ _____

2 로이는 3층에 산다. (Roy, live on, floor)

→ _____

3 나는 간식을 좀 만들 거야. (will, make, snacks)

→ _____

4 그는 자유시간이 많지 않다. (have, free time)

→ _____

5 많은 관광객들이 뉴욕을 방문한다. (tourists, visit, New York)

→ _____

6 그는 줄에서 아홉 번째 사람이다. (be, person, in line)

→ _____

7 그들에게 어떤 문제가 있니? (there, problems, with them)

→ _____

8 우리는 많은 가구가 필요하지 않다. (need, furniture)

→ _____

9 나는 어떤 문제도 원치 않는다. (want, trouble)

→ _____

10 우리는 봄에 많은 꽃들을 볼 수 있다. (can, see, flower, in spring)

→ _____

좋아요 5,416개

#수량 표현이 있는 문장 #기수, 서수 #many, much, a lot of #some, any

A 다음 우리말에 맞게 대화에서 밑줄 친 부분을 바르게 고쳐 쓰세요.

1 Can you speak slowly <u>or</u> clearly? → _____
천천히 명확하게 말해줄래?

2 I take a bus <u>but</u> walk to school. → _____
나는 학교에 버스를 타거나 걸어서 간다.

3 The actor is not handsome <u>and</u> popular. → _____
그 배우는 잘생기지 않았지만 인기가 있다.

4 Which do you prefer, fish <u>and</u> meat? → _____
너는 생선과 고기 중 어떤 것을 더 좋아하니?

5 He is good at math, <u>or</u> he is poor at science. → _____
그는 수학은 잘하지만, 과학은 못한다.

B 다음 각 도형에서 우리말에 알맞은 단어를 하나씩 골라 문장을 완성하세요. (단, 중복 사용 가능)

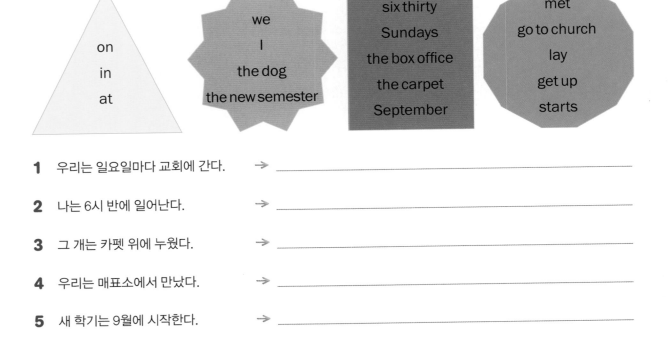

1 우리는 일요일마다 교회에 간다. → _____

2 나는 6시 반에 일어난다. → _____

3 그 개는 카펫 위에 누웠다. → _____

4 우리는 매표소에서 만났다. → _____

5 새 학기는 9월에 시작한다. → _____

🅞 **우리말을 영어로 번역하여 SNS에 올려보세요.**

1 나는 시드니에서 자랐다. (grow up, Sydney)

→ _____

2 그녀의 차는 오래되었지만 멋지다. (old, nice)

→ _____

3 길에 차가 많다. (there, a lot of, the roads)

→ _____

4 그들은 밤에 공항에 도착했다. (arrive, the airport, night)

→ _____

5 우리는 겨울에 스키 타는 것을 즐긴다. (enjoy, skiing)

→ _____

6 우리는 토요일과 일요일에는 학교에 가지 않는다. (Saturdays, Sundays)

→ _____

7 그녀는 노래를 부르고, 그는 춤을 추고 있었다. (sing, dance)

→ _____

8 너는 식탁을 치울래, 아니면 설거지를 할래? (will, clean the table, do the dishes)

→ _____

9 어제는 비가 내렸는데 오늘은 화창하다. (it, rainy, sunny)

→ _____

10 나는 아침으로 시리얼이나 토스트를 먹는다. (have, cereal, toast, for breakfast)

→ _____

좋아요 3,782개

#전치사와 접속사 #in, on, at #and, or, but

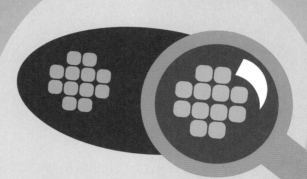

THIS IS GRAMMAR
Starter

FINAL REVIEW

정답 P. 20

1~2 다음 빈칸에 들어갈 말로 알맞은 것을 고르세요.

1

They _____ on vacation now.

① am　　　　　② are　　　　　③ is
④ was　　　　　⑤ were

2

_____ he live in this apartment building?

① Is　　　　　② Was　　　　　③ Were
④ Do　　　　　⑤ Does

3~4 다음 빈칸에 들어갈 말이 바르게 짝지어진 것을 고르세요.

3

• I _____ know her e-mail address.
• _____ you cry last night?

① don't – Do　　　② don't – Did　　　③ doesn't – Do
④ doesn't – Does　⑤ didn't – Does

4

• _____ you sick yesterday?
• Jack _____ like spicy food.

① Was – don't　　② Was – didn't　　③ Were – doesn't
④ Were – don't　　⑤ Are – doesn't

5 다음 질문에 대한 대답으로 알맞은 것을 고르세요.

A: Are they watering the plants?
B: _____

① Yes, they do.　　② Yes, they are.　　③ Yes, they does.
④ No, they don't.　⑤ No, they weren't.

다음 우리말과 의미가 같은 문장을 고르세요.

6

> 그는 그 책을 샀다.

① He buy the book.　② He buys the book.
③ He was buy the book.　④ He bought the book.
⑤ He is buying the book.

7

> 너는 그의 이름을 기억하니?

① Do you remember his name?
② Are you remember his name?
③ Were you remember his name?
④ Does you remember his name?
⑤ Did you remember his name?

8 다음 주어진 문장을 의문문으로 바르게 고친 것을 고르세요.

> She goes to school by bus.

① Is she go to school by bus?　② Does she goes to school by bus?
③ Do she go to school by bus?　④ Does she go to school by bus?
⑤ Do she goes to school by bus?

9~10 다음 중 밑줄 친 부분이 어법상 어색한 것을 고르세요.

9 ① She <u>brushes</u> her hair at night.　② Karen <u>plays</u> tennis after school.
③ Ted <u>misses</u> his hometown.　④ They <u>exercise</u> every day.
⑤ I always <u>tries</u> my best.

10 ① Do they <u>fight</u> often?　② Did you <u>heard</u> the news?
③ We <u>don't talk</u> to each other.　④ I <u>wasn't</u> afraid of the dark.
⑤ They <u>are lying</u> on the beach now.

11 다음 중 어법상 <u>틀린</u> 것을 고르세요.

① It is very windy today.

② He fixes broken machines.

③ We were on the subway at that time.

④ The snow stoped in the morning.

⑤ Erica was swimming in the sea.

12 다음 긍정문을 부정문으로 고친 것 중 <u>잘못된</u> 것을 고르세요.

① The test was easy. → The test wasn't easy.

② I am in the third grade. → I amn't in the third grade.

③ Sandra sleeps on the floor. → Sandra doesn't sleep on the floor.

④ I take a walk every day. → I don't take a walk every day.

⑤ We went fishing last weekend. → We didn't go fishing last weekend.

13 다음 대화 중 어법상 자연스럽지 <u>않은</u> 것을 고르세요.

① A: Does your sister study art?   B: Yes, she does.

② A: Do you hate birds?   B: No, I don't.

③ A: Are these flowers roses?   B: No, they aren't.

④ A: Were they proud of you?   B: Yes, they were.

⑤ A: Did you save a lot of money last year?   B: Yes, I was.

14 다음 밑줄 친 ① ~ ⑤ 중 어법상 <u>어색한</u> 것을 고르세요.

Hi Susan,

① <u>I'm</u> in London now. I'm ② <u>staying</u> with my aunt. The weather ③ <u>isn't</u> nice these days, so I ④ <u>don't go</u> to many places. But I do interesting things with my cousins at home. How is your vacation? ⑤ <u>Do</u> you enjoying it?

Have a nice day.

From *Fiona*

15 다음 우리말과 같은 뜻이 되도록 빈칸에 알맞은 말을 쓰세요.

1) 너는 이를 닦았니?
→ _____ you brush your teeth?

2) 그는 그때 이메일을 쓰고 있었니?
→ _____ he writing an e-mail at that time?

16 다음 문장에서 어법상 <u>어색한</u> 부분을 찾아 바르게 고쳐 쓰세요.

1) The sun rise in the east.
→ _____

2) Do you listening to the radio?
→ _____

17~18 다음 우리말과 같은 뜻이 되도록 주어진 단어를 바르게 배열하세요.

17

어제는 휴일이었니? (it, a holiday, yesterday, was)

→ _____

18

나는 지금 숙제를 하고 있지 않다. (not, I, doing, am, my homework, now)

→ _____

19~20 다음 우리말과 같은 뜻이 되도록 주어진 단어를 이용하여 문장을 완성하세요.

19

우리는 저녁을 먹은 후에 TV를 본다. (watch TV, after dinner)

→ _____

20

그녀는 기타를 배우지 않는다. (learn, the guitar)

→ _____

정답 P. 21

1~3 다음 빈칸에 들어갈 말로 알맞은 것을 고르세요.

1

You don't like carrots, _____?

① are you ② aren't you ③ do you
④ don't you ⑤ did you

2

A: _____ is that boy?
B: He is my cousin.

① What ② Who ③ When
④ Where ⑤ Why

3

It is raining outside. _____ an umbrella with you.

① Take ② To take ③ Taking
④ Take not ⑤ Don't take

4~5 다음 빈칸에 공통으로 들어갈 말로 알맞은 것을 고르세요.

4

• _____ do you open this bottle?
• _____ exciting the game was!

① Where ② When ③ Who
④ How ⑤ Why

5

• _____ a brave man he is!
• _____ is your hobby?

① What ② When ③ Who
④ How ⑤ Why

6 다음 빈칸에 들어갈 말이 나머지 넷과 <u>다른</u> 하나를 고르세요.

① _____ old is your mother?

② _____ long was the movie?

③ _____ many sisters do you have?

④ _____ much are these pencils?

⑤ _____ does your father do?

7 다음 우리말을 영어로 바르게 옮긴 것을 고르세요.

> 오늘은 외출하지 말자.

① Let go out today.　　② Let's go out today.

③ Let's go not out today.　　④ Let's not go out today.

⑤ Don't let's go out today.

8~9 다음 질문에 어울리는 대답을 고르세요.

8

> Why did you say sorry to her?

① I'm doing great.　　② At ten this morning.

③ She was my classmate.　　④ We were in the library.

⑤ Because I hurt her feelings.

9

> You will come back home at six, won't you?

① Yes, I am.　　② Yes, I do.　　③ Yes, I will.

④ No, I'm not.　　⑤ No, I don't.

10~11 다음 중 밑줄 친 부분이 어법상 <u>어색한</u> 것을 고르세요.

10 ① Why <u>are</u> you here?　　② When <u>does the class start</u>?

③ How <u>was</u> your interview?　　④ Who <u>do you miss</u> the most?

⑤ Where <u>did you saw</u> Peter today?

11 ① <u>Finish</u> your breakfast.　② <u>Don't</u> afraid of failure.

③ Let's <u>meet</u> at school.　④ <u>What a</u> great plan it is!

⑤ <u>How</u> lovely the girl is!

12 다음 중 어법상 <u>어색한</u> 것을 <u>고르세요.</u>

① Be friendly to your friends.

② Dave can cook well, can't he?

③ Let's not be so serious about it.

④ You didn't finish the report, were you?

⑤ Don't run in the classroom, will you?

13 다음 대화 중 어법상 자연스럽지 <u>않은</u> 것을 고르세요.

① A: What's in your bag?　　　　　B: My textbook.

② A: When is your birthday?　　　 B: It's August 23rd.

③ A: How do you go to school?　　B: I go to school by bus.

④ A: Where does she live?　　　　B: She lives in California.

⑤ A: Who did you meet at the party?　B: Yes, I did. It was terrible.

14 다음 밑줄 친 ① ～ ⑤ 중 어법상 <u>어색한</u> 것을 고르세요.

A: ① <u>What</u> did you ② <u>do</u> on the weekend?

B: I went camping.

A: Really? ③ <u>When</u> did you go with?

B: With my family.

A: ④ <u>How</u> was it?

B: It was wonderful.

A: ⑤ <u>What</u> a good time you had!

15 다음 빈칸에 알맞은 말을 써서 부가의문문을 완성하세요.

1) The lecture was interesting, _____ _____?

2) Anna can't speak Chinese, _____ _____?

16 다음 문장을 주어진 단어로 시작하는 감탄문으로 바꿔 쓰세요.

1) It is a very boring book. (what)
→ _____

2) Mike is very lazy. (how)
→ _____

17~18 다음 우리말과 같은 뜻이 되도록 주어진 단어를 바르게 배열하세요.

17

너는 언제 가방을 잃어버렸니? (did, you, when, your bag, lose)

→ _____

18

도서관에 음식물을 들고 오지 마시오. (bring, don't, into the library, any food)

→ _____

19~20 다음 우리말과 같은 뜻이 되도록 주어진 단어를 이용하여 문장을 완성하세요.

19

서두르지 말자. (hurry up)

→ _____

20

안전벨트를 매주세요. (wear, a seatbelt)

→ Please, _____.

정답 P. 23

1 다음 중 형용사와 부사가 <u>잘못</u> 연결된 것을 고르세요.

① sad – sadly   ② lucky – luckily   ③ real – really

④ gentle – gentley   ⑤ high – high

2 다음 중 기수와 서수가 <u>잘못</u> 연결된 것을 고르세요.

① one – first   ② three – third   ③ five – fifth

④ ten – tenth   ⑤ twenty – twentyth

3~4 다음 빈칸에 공통으로 들어갈 말로 알맞은 것을 고르세요.

3

• He does his homework _____ the evening.

• There are two beds _____ the room.

① in   ② on   ③ at   ④ or   ⑤ and

4

• She is standing _____ the door.

• Can we meet _____ three?

① in   ② on   ③ at   ④ any   ⑤ some

5~6 다음 빈칸에 들어갈 말이 바르게 짝지어진 것을 고르세요.

5

• There isn't _____ snow on the road.

• There were _____ people at the restaurant.

① many – much   ② much – many   ③ many – any

④ any – much   ⑤ some – any

6

• We live on the _____ floor.

• My uncle has _____ sheep.

① four – thirty   ② eleventh – twenty   ③ two – fortieth

④ seventh – fiftieth   ⑤ eight – forty

7 다음 밑줄 친 부분과 바꿔 쓸 수 있는 것을 고르세요.

> Brian has <u>many</u> hobbies.

① a little   ② little   ③ much   ④ any   ⑤ a lot of

8 다음 중 밑줄 친 부분의 쓰임이 나머지 넷과 <u>다른</u> 하나를 고르세요.
① She caught an <u>early</u> bus.
② School finished <u>early</u> today.
③ I get up <u>early</u> in the morning.
④ My dad comes home <u>early</u>.
⑤ We must leave <u>early</u>.

9 다음 중 빈칸에 some이 들어가기에 적절하지 <u>않은</u> 것을 고르세요.
① I will make _____ toast.
② He has _____ problems.
③ Do you want _____ coffee?
④ I don't want _____ advice.
⑤ There is _____ news for you.

10 다음 중 빈도부사의 위치가 바르지 <u>못한</u> 것을 고르세요.
① He often skips breakfast.
② I never will forgive you.
③ He is sometimes very lonely.
④ My dad is always busy at work.
⑤ She usually takes a nap in the afternoon.

11~12 다음 중 밑줄 친 부분이 <u>어색한</u> 것을 고르세요.

11 ① Sarah is a <u>smart</u> girl.
② He told me a <u>sad</u> story.
③ You look very <u>happily</u> today.
④ She spends her money <u>wisely</u>.
⑤ He answered my question <u>quickly</u>.

12 ① I don't feel <u>well</u> now.
② Luke can run very <u>fastly</u>.
③ Be <u>careful</u> with the knife.
④ They sang a song too <u>loudly</u>.
⑤ <u>Suddenly</u>, he stopped and looked at me.

13 다음 중 어법상 <u>어색한</u> 것을 고르세요.
① I bought bread and milk.
② Is he your dad or uncle?
③ This bag is nice but expensive.
④ Let's sit down but take a rest.
⑤ I'll join a book club or a tennis club.

14 다음 밑줄 친 ① ~ ⑤ 중 어법상 <u>어색한</u> 것을 고르세요.

> Ian has ① <u>lots of</u> interest in history. After school, he ② <u>always goes</u> to the library ③ <u>and</u> reads many ④ <u>history book</u>. They give him a lot of fun. In the future, he will be a history teacher ⑤ <u>or</u> a historian.
> * historian: 역사학자

15 다음 빈칸에 알맞은 말을 [보기]에서 골라 쓰세요.

보기	on	in	at

1) Many people catch a cold _____ winter.

2) Loot at the picture _____ the wall.

3) I was _____ home all afternoon.

116

16 다음 주어진 접속사를 이용하여 밑줄 친 부분을 연결하는 한 문장으로 다시 쓰세요.

1) You can <u>go there</u>. You can <u>stay here</u>. (or)

→ _____

2) We <u>went to the zoo</u>. We <u>saw many animals</u>. (and)

→ _____

17~18 다음 문장에서 어법상 <u>어색한</u> 부분을 찾아 바르게 고쳐 문장을 다시 쓰세요.

17

Cathy is in the two grade.

→ _____

18

We don't need many money.

→ _____

19~20 다음 우리말과 같은 뜻이 되도록 주어진 단어를 바르게 배열하세요.

19

너는 매우 아름다운 미소를 가졌다. (have, a, smile, you, beautiful, very)

→ _____

20

에릭은 자주 보드 게임을 한다. (plays, Eric, board games, often)

→ _____

이것이 THIS IS 시리즈다!

THIS IS GRAMMAR 시리즈

▷ 중·고등 내신에 꼭 등장하는 어법 포인트 분석 및 총정리

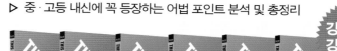

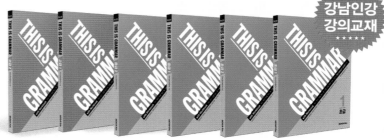

강남인강
강의교재

THIS IS READING 시리즈

▷ 다양한 소재의 지문으로 내신 및 수능 완벽 대비

강남인강
강의교재

THIS IS VOCABULARY 시리즈

▷ 주제별로 분류한 교육부 권장 어휘

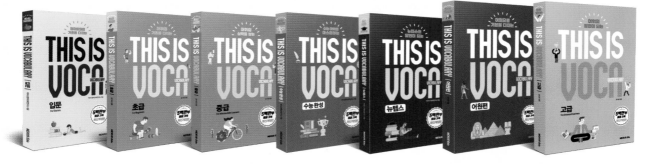

THIS IS
시리즈

무료 MP3 및 부가자료 다운로드
www.nexusbook.com
www.nexusEDU.kr

THIS IS GRAMMAR 시리즈
Starter 1~3   영어교육연구소 지음 | 205×265 | 144쪽 | 각 권 12,000원
초·중·고급 1·2   넥서스영어교육연구소 지음 | 205×265 | 250쪽 내외 | 각 권 12,000원

THIS IS READING 시리즈
Starter 1~3   김태연 지음 | 205×265 | 156쪽 | 각 권 12,000원
1·2·3·4   넥서스영어교육연구소 지음 | 205×265 | 192쪽 내외 | 각 권 10,000원

THIS IS VOCABULARY 시리즈
입문   넥서스영어교육연구소 지음 | 152×225 | 224쪽 | 10,000원
초·중·고급·어원편   권기하 지음 | 152×225 | 180×257 | 344쪽~444쪽 | 10,000원~12,000원
수능 완성   넥서스영어교육연구소 지음 | 152×225 | 280쪽 | 12,000원
뉴텝스   넥서스 TEPS연구소 지음 | 152×225 | 452쪽 | 13,800원

Vocabulary 시리즈

**초등필수
영단어**

1-2, 3-4, 5-6 학년용

**This Is
Vocabulary**

입문, 초급, 중급, 고급,
수능 완성, 어원편, 뉴텝스

**The
VOCA+BULARY**

완전 개정판 1~7

Grammar 시리즈

OK Grammar
Level 1~4

**초등필수
영문법+쓰기
1, 2**

**Grammar
공감**
Level 1~3

**Grammar
101**
Level 1~3

**도전 만점
중등 내신
서술형 1~4**

**Grammar
Bridge**
Level 1~3
개정판

The Grammar
with Workbook
Starter
Level 1~3

**그래머 캡처
1~2**

**This Is
Grammar**
Starter
1~3

**This Is
Grammar**
초급 1·2
중급 1·2
고급 1·2

THIS IS GRAMMAR Starter

기초 문법의
확실한
첫걸음

GRAMMAR

영어교육연구소 지음

Starter

정답 및 해설

3

NEXUS Edu

기초 문법의
확실한
첫걸음

THIS IS GRAMMAR

영어교육연구소 지음

Starter

정답 및 해설

3

NEXUS Edu

UNIT 01
긍정문 (be동사/일반동사/진행형)

✸ Check-up 1
p. 014

1 wants	2 goes	3 studies
4 mixes	5 has	6 runs
7 does	8 catches	9 tries
10 likes	11 reaches	12 drinks
13 sits	14 wakes	15 gets
16 cries	17 reads	18 builds
19 enjoys	20 loses	21 carries
22 buys	23 cleans	24 flies
25 teaches	26 comes	27 says
28 passes	29 washes	30 plays
31 fixes	32 brushes	33 opens
34 pays	35 marries	36 crosses
37 arrives	38 makes	39 keeps
40 waits	41 sends	42 leaves
43 guesses	44 believes	

✸ Check-up 2
p. 015

1 ended	2 cried	3 jumped
4 dropped	5 helped	6 visited
7 died	8 arrived	9 worried
10 tried	11 stayed	12 saved
13 thought	14 went	15 built
16 put	17 came	18 gave
19 did	20 had	21 told
22 made	23 read	24 knew

✸ Check-up 3
p. 015

1 catching	2 drinking	3 coming
4 playing	5 washing	6 giving
7 doing	8 speaking	9 writing
10 lying	11 studying	12 cutting

✸ Grammar 충전하기 10%
p. 016

1 am	2 is	3 were
4 was	5 have	6 takes
7 follows	8 bought	9 came
10 taught	11 are sitting	12 was brushing
13 were having	14 are waiting	15 hitting

해석
1 나는 매우 목마르다.
2 밖이 어둡다.
3 우리는 거실에 있었다.
4 그녀는 훌륭한 배우였다.
5 나는 오늘 피아노 수업이 있다.
6 그녀는 두 아기를 돌본다.
7 그 강아지는 어미를 따라다닌다.
8 티나는 몇 분 전에 약간의 음식을 샀다.
9 나는 택시로 여기에 왔다.
10 스미스 선생님은 학교에서 영어를 가르치셨다.
11 세 마리의 새가 지금 나무에 앉아 있다.
12 데이브는 그때 이를 닦고 있었다.
13 그들은 마지막 수업에서 즐거운 시간을 보내고 있었다.
14 너의 친구들이 지금 문에서 기다리고 있다.
15 너는 운동장에서 공을 치고 있었다.

✸ Grammar 충전하기 30%
p. 017

A	1 am	2 are	3 is
	4 was	5 were	6 were
B	1 know	2 looks	3 married
	4 got	5 coming	6 making

✸ Grammar 충전하기 50%
p. 018

1 was	2 cook	3 are
4 made	5 are yelling	6 is
7 believe	8 got	9 were
10 was traveling [travelling]		

✦ Grammar 충전하기 70%

p. 019

1 It was a small town.
2 He is a clever boy.
3 The girl practices ballet.
4 Nancy was writing a letter then.
5 They were hard workers.
6 My parents are very strict.
7 You are doing a good job.
8 They sell fruit at the market.
9 We talk in English.
10 I had dinner an hour ago.

✦ Grammar 충전하기 90%

p. 020

1 You are a diligent student.
2 This soup smells nice.
3 She is cutting a watermelon now.
4 I studied math last night.
5 우리는 영화관에서 만났다.
6 나는 어제 아팠다.
7 그는 강에서 물고기를 잡는다.

✦ Grammar 충전하기 100%

p. 021

1 ①	2 ③	3 ⑤
4 ④	5 ②	6 ①

7 was, am   8 finished, is playing
9 ⓐ is ⓑ teaches
10 1) They wear school uniforms.
  2) We worried about you.

해석

1 나는 지금 열 살이다.
2 그는 어제 집에 돌아왔다.
4 • 그녀는 매일 산책하러 간다.
  • 우리는 지난 일요일에 동물원에 갔다.
5 ① 우리는 네가 자랑스럽다.
  ② 그녀는 훌륭한 스케이터였다.
  ③ 눈이 펑펑 내리고 있다.
  ④ 그는 차에 꿀을 넣었다.
  ⑤ 그 요리사는 과일과 채소를 섞는다.
6 ① 너는 너무 빨리 말한다.
  ② 그 의자는 나의 것이었다.
  ③ 뉴욕은 큰 도시이다.
  ④ 그녀는 그때 수영을 하고 있었다.
  ⑤ 나는 내 지갑을 지하철에 두고 내렸다.
7 나는 어젯밤에 매우 아팠지만, 지금은 괜찮다.
8 그녀는 두 시간 전에 보고서를 끝냈다. 그녀는 지금 게임을 하고 있다.
9 피터슨 씨는 선생님이다. 그는 중학교에서 과학을 가르친다.

해설

1 now는 현재를 나타내는 시간 표현이고 주어가 I이므로 빈칸에 am이 와야 한다.
2 yesterday는 과거를 나타내는 시간 표현으로 과거형 came이 와야 한다.
3 '~하고 있다'라는 의미로 현재 진행이 되어야 하므로 are washing이 와야 한다.
4 주어가 3인칭 단수 대명사(she)이고 현재 시간 표현 every day가 있으므로 goes, last Sunday는 과거 시간 표현으로 과거형 went가 와야 한다.
5 ②의 she는 be동사의 과거형으로 단수형 was를 쓴다.
6 ①의 주어가 2인칭 대명사로 동사원형 talk가 되어야 한다.
7 last night이 있으므로 과거형 was를, now가 있으므로 현재형 am을 쓴다.
8 two hours ago가 있으므로 과거형 finished를, now가 있으므로 현재 진행 is playing을 쓴다.
9 주어가 3인칭 단수 명사이므로 is와 teaches가 되어야 한다.
10 1) 주어가 3인칭 복수 대명사(they)이고 현재시제 긍정문이므로 「주어+동사원형」의 어순으로 쓴다.
  2) 주어가 1인칭 복수 대명사(we)이고, 과거시제 긍정문이므로 「주어+동사의 과거형」의 어순으로 쓴다.

3

UNIT 02
부정문 (be동사/일반동사/진행형)

✸ Check-up
p. 024

1 are not, was not
2 do not, does not
3 did not, did not

✸ Grammar 충전하기 10%
p. 025

1 is, not
2 are, not
3 were, not
4 does, not
5 do, not
6 does, not, taste
7 did, not, miss
8 did, not, talk
9 is, not, sleeping
10 were, not, wearing

✸ Grammar 충전하기 30%
p. 026

A
1 is, not
2 am, not
3 are, not
4 do, not, have
5 does, not, eat
6 does, not, trust

해석
1 날씨가 화창하지 않다.
2 나는 부엌에 없다.
3 그것들은 내 신발이 아니다.
4 나는 애완동물이 없다.
5 수잔은 패스트푸드를 먹지 않는다.
6 그 여성은 아무도 믿지 않는다.

B
1 was, not
2 were, not
3 was, not
4 did, not, talk
5 did, not, ask
6 did, not, say

해석
1 그는 작년에 뚱뚱하지 않았다.
2 우리는 기차에 없었다.
3 나는 너에게 화가 나지 않았다.
4 그녀는 나에게 말을 하지 않았다.
5 그는 아무것도 묻지 않았다.
6 너는 사과하지 않았다.

✸ Grammar 충전하기 50%
p. 027

1 The rumor isn't true.
2 I don't get enough sleep.
3 The children weren't excited.
4 The store doesn't open at nine.
5 She wasn't telling the truth then.
6 Max didn't stand at the door.
7 My grandparents don't use smartphones.
8 It wasn't important to me.
9 You aren't joking now.
10 She didn't win the prize.

해석
1 그 소문은 사실이다. → 그 소문은 사실이 아니다.
2 나는 충분한 수면을 취한다. → 나는 충분한 수면을 취하지 않는다.
3 그 아이들은 신이 나 있었다. → 그 아이들은 신이 나 있지 않았다.
4 그 상점은 9시에 문을 연다. → 그 상점은 9시에 문을 열지 않는다.
5 그녀는 그때 사실을 말하고 있었다. → 그녀는 그때 사실을 말하고 있지 않았다.
6 맥스는 문가에 서 있었다. → 맥스는 문가에 서 있지 않았다.
7 우리 조부모님은 스마트폰을 사용하신다. → 우리 조부모님은 스마트폰을 사용하시지 않는다.
8 그것은 나에게 중요한 것이었다. → 그것은 나에게 중요한 것이 아니었다.
9 너는 지금 농담을 하고 있다. → 너는 지금 농담을 하고 있지 않다.
10 그녀는 상을 받았다. → 그녀는 상을 받지 않았다.

✸ Grammar 충전하기 70%
p. 028

1 I am not nervous.
2 They were not sleeping.
3 He is not interested in art.
4 Kate didn't hurt her leg.
5 It does not mean anything.
6 My brother doesn't take a nap.
7 They don't live in an apartment building.
8 She didn't finish the job.
9 We are not staying at a hotel.
10 I am not reading your diary.

✦ Grammar 충전하기 90%

p. 029

1 This is not[isn't] right.
2 They were not[weren't] friendly.
3 I did not[didn't] hear the news.
4 He does not[doesn't] know everything.
5 그는 거짓말쟁이가 아니다.
6 우리는 아무것도 하지 않았다.
7 나는 오늘 몸이 좋지 않다.

✦ Grammar 충전하기 100%

p. 030

1 ③	2 ⑤	3 ③
4 ③	5 ②	6 ②

7 1) do not[don't] speak
  2) did not[didn't] go
8 They are not drawing pictures.
9 I am not good at basketball.
10 1) I do not[don't] understand the problem.
  2) They were not[weren't] in the garden then.

해석

1 그는 지금 도서관에 없다.
2 나는 지난 주말에 동물원을 방문하지 않았다.
3 프레드와 로사는 학교에 걸어가지 않는다. 그들은 통학버스를 탄다.
4 우리는 어젯밤에 콘서트 장에 없었다. 우리는 집에 있었다.
5 우리는 초콜릿 쿠키를 굽고 있다.
  ② 우리는 초콜릿 쿠키를 굽고 있지 않다.
6 ① 그 소녀는 울지 않았다.
  ② 나는 춤을 잘 못춘다.
  ③ 그 노래는 인기 있지 않았다.
  ④ 그들은 규칙에 대해 배우지 않는다.
  ⑤ 그녀는 그때 만화책을 읽고 있지 않다.
7 1) 그들은 일본 출신이 아니고 일본어로 말하지 않는다.
  2) 어제는 화창하지 않아서 우리는 소풍을 가지 않았다.

해설

1 주어가 he이고 현재 시간 표현 now가 있으므로 isn't가 와야 한다.
2 last weekend가 있고, 빈칸 뒤에 동사원형이 있으므로 didn't가 와야 한다.
3 일반동사 현재시제 부정문이 되어야 하고 주어가 복수명사이므로 don't walk가 와야 한다.
4 주어가 we이고, last night이 있으므로 weren't가 와야 한다.
5 현재 진행 시제 부정문은 「be동사의 현재형(am/are/is)+not+-ing」의 형태이다.
6 ②의 am not은 줄여 쓰지 않는다.
7 1) 일반동사 현재시제 부정문이 되어야 하고 주어가 3인칭 복수 대명사로 do not[don't] speak를 쓴다.
  2) 일반동사 과거시제 부정문이 되어야 하므로 did not[didn't] go를 쓴다.
8 현재 진행 시제 부정문은 「be동사의 현재형(am/are/is)+not+-ing」의 형태이다.
9 be동사 현재시제 부정문은 be동사 뒤에 not을 붙여 만든다.
10 1) 일반동사 현재시제 부정문이고, 주어가 I로 「주어+do not[don't]+동사원형」의 어순으로 쓴다.
  2) be동사 과거시제 부정문이고, 주어가 they로 「주어+were not[weren't]」의 어순으로 쓴다.

UNIT 03
일반 의문문

✹ Check-up
p. 033

1 Am	2 Is	3 Was
4 Were	5 Do	6 Does
7 Did		

✹ Grammar 충전하기 10%
p. 034

1 Are, you	2 Is, he
3 Was, she	4 Were, they
5 Do, bears	6 Does, he
7 Did, she	8 Did, you
9 Are, they, helping	10 Is, the, car, moving

✹ Grammar 충전하기 30%
p. 035

1 Am I	2 Is Cathy preparing
3 Are they winning	4 Are these apples
5 Was the mall	6 Were you
7 Do you understand	8 Does Mary have
9 Did you check	10 Did the festival begin

해석
1 A: 내가 게으르니? B: 아니, 그렇지 않아.
2 A: 캐시가 지금 저녁을 준비하고 있니? B: 아니, 그렇지 않아.
3 A: 그들이 지금 게임에서 이기고 있니? B: 응, 그래.
4 A: 이 사과들은 달콤하니? B: 응, 그래.
5 A: 그 쇼핑몰은 붐볐니? B: 응, 그랬어.
6 A: 너는 천둥이 무서웠니? B: 아니, 그렇지 않았어.
7 A: 너는 스페인어를 이해하니? B: 응, 그래.
8 A: 매리는 심한 감기에 걸렸니? B: 아니, 그렇지 않아.
9 A: 너는 너의 이메일을 확인했니? B: 응, 그랬어.
10 A: 그 축제가 지난 금요일에 시작했니? B: 아니, 그렇지 않았어.

✹ Grammar 충전하기 50%
p. 036

A
1 Are they soccer fans?
2 Are these trees dying?
3 Was it windy last night?
4 Do you go out often?
5 Did he forget your name?

해석
1 그들은 축구 팬들이다. → 그들은 축구 팬들이니?
2 이 나무들은 죽어가고 있다. → 이 나무들은 죽어가고 있니?
3 어젯밤에 바람이 불었다. → 어젯밤에 바람이 불었니?
4 너는 자주 외출한다. → 너는 자주 외출하니?
5 그는 너의 이름을 잊어버렸다. → 그는 너의 이름을 잊어버렸니?

B
1 Is it time	2 Were your parents busy
3 Do you get	4 Does the man look
5 Did they enjoy	

✹ Grammar 충전하기 70%
p. 037

1 Was it a dream?
2 Is this puzzle difficult?
3 Are these eggs expensive?
4 Did I hurt you then?
5 Did you hear the weather report?
6 Is the computer working well?
7 Do you and your brother fight often?
8 Were the kids jumping on the bed?
9 Does she go to the dentist every month?
10 Were you at Brian's house yesterday?

✦ Grammar 충전하기 90%

p. 038

1 Is he strong?
2 Do your brothers like sports?
3 Did Mike lose his phone?
4 Was the weather nice last weekend?
5 너는 여권을 가지고 왔니?
6 그는 많은 돈을 낭비하니?
7 그들은 유명한 여배우들이니?

✦ Grammar 충전하기 100%

p. 039

1 ⑤　　　　　2 ①　　　　　3 ②
4 ⑤　　　　　5 ③　　　　　6 ④
7 Were you at school
8 Does she go
9 Are you looking for your phone now?
10 1) Do I look funny in this hat?
　　2) Was Kevin ready for the interview?

해석
1 너는 지난 일요일에 이 스웨터를 샀니?
2 그는 지금 정원에 있니?
3 A: 그들은 지금 파티를 계획하고 있니?
　B: 아니, 그렇지 않아.
4 ① 내가 틀렸니?
　② 너 풀 있니?
　③ 그 영화는 지루했니?
　④ 그 소년들은 연을 만들고 있니?
　⑤ 그녀는 작년에 토론토로 이사 갔니?
5 그는 어제 산책을 했다.
　③ 그는 어제 산책을 했니?
6 ① A: 너는 수학을 잘하니?　　　　　　B: 응, 그래.
　② A: 그들은 작년에 너의 반 친구들이었니?　B: 아니, 그렇지 않아.
　③ A: 제시카와 맥스는 서로 좋아하니?　B: 아니, 그렇지 않아.
　④ A: 짐이 옷을 싸고 있니?　　　　　B: 응, 그래.
　⑤ A: 너 손 씻었니?　　　　　　　　B: 응, 그랬어.
9 너는 지금 너의 전화기를 찾고 있니?
10 1) 나는 이 모자를 쓰니 우스꽝스러워 보인다.
　　→ 내가 이 모자를 쓰니 우스꽝스러워 보이니?
　2) 케빈은 인터뷰 준비가 됐니?
　　→ 케빈은 인터뷰 준비가 되었었니?

해설
1 과거 시간 표현(last Sunday)이 있고 주어 뒤에 동사원형이 있으므로 일반동사 의문문이 되어야 한다. 따라서 Did가 와야 한다.
2 현재 시간 표현(now)가 있고 주어 뒤에 장소를 나타내는 말이 있으므로 be동사 현재형 Is가 와야 한다.
3 주어 뒤에 동사의 -ing형의 있으므로 현재 진행 시제 의문문이므로 Are로 시작하고, 부정의 대답으로 aren't가 와야 한다.
4 ⑤의 일반동사 과거시제 의문문은 주어 다음에 동사원형이 와야 하므로 moved → move가 되어야 한다.
5 일반동사 과거시제 의문문은 「Did+주어+동사원형 ~?」의 형태이다.
6 ④의 현재 진행 시제는 be동사를 이용해 대답하므로 Yes, he is가 되어야 한다.
7 be동사 과거시제 의문문이고, 주어가 you로 「Were+you ~?」의 형태로 쓴다.
8 일반동사 현재시제 의문문이고 주어가 she로 「Does+she+동사원형 ~?」의 형태로 쓴다.
9 현재 진행 시제 의문문은 「be동사의 현재형+주어+-ing ~?」의 형태로 look은 looking이 되어야 한다.
10 1) 일반동사 현재시제 의문문이고 주어가 I로 「Do+I+동사원형 ~?」의 형태로 쓴다.
　2) 주어가 단수명사로 Is를 Was로 바꿔 be동사 과거시제 의문문을 만든다.

UNIT 04
의문사가 있는 의문문

Check-up
p. 042

1 What　2 Who　3 When
4 Where　5 Why　6 How

Grammar 충전하기 10%
p. 043

1 What　2 Why　3 Who
4 When　5 Where　6 When
7 How　8 Where　9 What
10 Why

Grammar 충전하기 30%
p. 044

A 1 Who　2 When　3 Where
4 Why　5 What

해석
1 A: 벨라 옆에 있는 소년은 누구니?
B: 그는 그녀의 오빠야.
2 A: 지미는 언제 여기에 도착했니?
B: 그는 3시에 도착했어.
3 A: 너는 그 가방을 어디서 샀니?
B: 나는 그것을 쇼핑몰에서 샀어.
4 A: 너는 왜 그렇게 피곤해 보이니?
B: 어젯밤에 늦게까지 깨어 있었기 때문이야.
5 A: 너는 생일 선물로 무엇을 원하니?
B: 나는 새 운동화 한 켤레를 원해.

B 1 are　2 does　3 do
4 were　5 was　6 did

해석
1 그 남자들은 누구니?
2 그녀는 어디에서 일하니?
3 내 비밀번호를 어떻게 바꾸나요?
4 너는 왜 학교에 결석했니?
5 그녀의 결혼식은 언제였니?
6 너는 시장에서 무엇을 샀니?

Grammar 충전하기 50%
p. 045

A 1 How long　2 How much　3 How old
4 How many　5 How often

해석
1 A: 그 영화는 얼마나 길어?
B: 그것은 2시간짜리야.
2 A: 이 블라우스는 얼마인가요?
B: 그것은 50달러예요.
3 A: 너의 할머니는 연세가 어떻게 되시니?
B: 87세이셔.
4 A: 너는 얼마나 많은 담요가 필요하니?
B: 나는 세 개의 담요가 필요해.
5 A: 너는 얼마나 자주 머리를 자르니?
B: 나는 한 달에 한 번 머리를 잘라.

B 1 What did you say?
2 Who was the winner?
3 Where is your car?
4 How did Ted know about it?

Grammar 충전하기 70%
p. 046

1 What do chipmunks eat?
2 Where are your shoes?
3 How long is your vacation?
4 How does the movie end?
5 Why did you lie to me?
6 How many dogs do you have?
7 How does this machine work?
8 When is Thanksgiving Day in Canada?
9 Where did you learn Chinese?
10 When is the next train for Boston?

✦ Grammar 충전하기 90%

p. 047

1 Why is he interested in space?
2 How much are these pears?
3 Where did they stay in Berlin?
4 What does your sister study in college?
5 너의 학교생활은 어떠니?
6 너는 얼마나 자주 운동하니?
7 그 은행은 언제 문을 여니?

✦ Grammar 충전하기 100%

p. 048

1 ②   2 ④   3 ⑤
4 ③   5 ①   6 ④
7 ⓐ is ⓑ How
8 1) When did the accident happen?
  2) Who is that girl with long hair?
9 What was the problem?
10 Why do you like cats?

해석

1 A: 저 여성분은 누구니?
  B: 그녀는 나의 선생님이셔.
2 A: 너는 왜 그에게 화가 나 있니?
  B: 그가 내 스마트폰을 망가뜨렸기 때문이야.
3 •너는 얼마나 많은 사람들을 초대했니?
  •이 스카프는 얼마인가요?
4 ① 너는 여기에 어떻게 왔니?
  ② 줄리아는 어디에 사니?
  ③ 그들은 왜 그렇게 시끄럽니?
  ④ 그 책의 제목이 무엇이었니?
  ⑤ 너는 보통 언제 저녁을 먹니?
5 너는 언제 이 책을 읽었니?
  ① 한 달 전에.
  ② 응. 그것을 전에 읽었어.
  ③ 아니. 그것은 재밌어 보인다.
  ④ 그것은 정말 지루했어.
  ⑤ 나는 그것을 도서관에서 빌렸어.
6 ① A: 그들은 누구니?   B: 그들은 내 친한 친구들이야.
  ② A: 너는 왜 늦었니?   B: 늦잠을 잤기 때문이야.
  ③ A: 너는 언제 런던으로 이사했니?   B: 5년 전에.
  ④ A: 너는 어디서 가방을 잃어버렸니? B: 어제 저녁에.
  ⑤ A: 너는 방과 후에 무엇을 하니?   B: 나는 주로 숙제를 해.

7 A: 지하철역이 어디에 있나요?
  B: 그것은 저쪽이에요.
  A: 얼마나 자주 지하철이 오나요?
  B: 10분마다 와요.

해설

1 누구인지를 묻는 질문으로 사람을 묻는 의문사 who가 와야 한다.
2 왜 화가 났는지를 묻는 질문으로 이유를 묻는 의문사 why가 와야 한다.
3 얼마나 많은지, 얼마인지를 묻는 질문으로 「의문사＋형용사」의 형태로 '얼마나 ~한'이라는 의미를 나타내는 how를 고른다.
4 ③의 they는 3인칭 복수 대명사로 are가 되어야 한다.
5 언제 책을 읽었는지를 묻는 질문으로 대답으로 시간 표현이 와야 한다.
6 ④는 어디서 가방을 잃어버렸는지를 묻는 질문에 시간으로 답하고 있으므로 자연스럽지 않다.
7 ⓐ 주어가 단수명사로 is가 와야 한다.
  ⓑ '얼마나 자주'라는 의미가 되어야 하므로 how가 되어야 한다.
8 1) 일반동사 과거시제 의문문으로 「의문사＋did＋주어＋동사원형?」의 어순으로 쓴다.
  2) be동사 의문문으로 「의문사＋be동사＋주어?」의 어순으로 쓴다.
9 be동사 의문문으로 「의문사＋be동사＋주어?」의 형태로 쓴다.
10 일반동사 의문문으로 「의문사＋do동사＋주어＋동사원형?」의 형태로 쓴다.

✿ Grammar 충전하기 10%
p. 052

A 1 Hurry	2 Think	3 Don't, be
4 Don't, eat	5 Don't, go, out	6 Be, quiet

해석
1 서둘러라.
2 현명하게 생각해라.
3 너무 슬퍼하지 마라.
4 패스트푸드를 먹지 마라.
5 밤에는 외출하지 마라.
6 극장에서 조용해라.

B 1 Let's, try	2 Let's, take
3 Let's, make	4 Let's, not, eat
5 Let's, not, enter	6 Let's, not, change

✿ Grammar 충전하기 30%
p. 053

A 1 How hard	2 How boring
3 How heavy	4 What a beautiful lake
5 What an honest man	6 What great ideas

B 1 wasn't, it	2 can, she
3 isn't, she	4 do, you
5 doesn't, he	6 did, they

✿ Grammar 충전하기 50%
p. 054

A 1 Listen	2 Let's not worry
3 Don't waste	4 Let's cross
5 Don't be	

B
1 How high the bird flies!
2 What a terrible accident it was!
3 How charming she is!
4 What a gentle smile he has!
5 What sweet peaches these are!

해석
1 그 새는 정말 높이 난다. → 그 새는 매우 높이 나는구나!
2 그것은 정말 끔찍한 사고였다. → 그것은 매우 끔찍한 사고였구나!
3 그녀는 정말 매력적이다. → 그녀는 매우 매력적이구나!
4 그는 아주 온화한 미소를 가졌다. → 그는 매우 온화한 미소를 가졌구나!
5 이것들은 아주 달콤한 복숭아들이다. → 이것들은 매우 달콤한 복숭아들이구나!

✿ Grammar 충전하기 70%
p. 055

1 Turn left and go straight.
2 Be careful with the scissors.
3 Don't take a picture here.
4 Let's have a cup of tea.
5 Let's not stay here any more.
6 How huge the rock is!
7 What an amazing experience it was!
8 Clare can ride a horse, can't she?
9 He ordered a pizza, didn't he?
10 You weren't at home last night, were you?

✿ Grammar 충전하기 90%
p. 056

1 Let's meet in front of the theater.
2 Do not[don't] watch too much TV.
3 What a strange story it is!
4 You don't wash the dishes, do you?
5 최선을 다해라.
6 이 강에서 수영하지 말자.
7 그 다리는 매우 길구나!

✿ Grammar 충전하기 100%
p. 057

1 ②	2 ①	3 ②
4 ③	5 ②	6 ④

7 Let's not argue about it.
8 Be honest with your parents.
9 Dad can fix everything, can't he?
10 1) Tell him the truth.
   2) How cute the kitten is!

해석

1 밖이 추워, 그렇지 않니?

2 그것들은 매우 아름다운 꽃들이구나!

3 • 그들은 영어를 몰라, 그렇지?

  • 숙제 해라.

4 너의 방은 매우 지저분하구나! 지금 방을 청소해라.

6 ① 너는 매우 운이 좋구나!

  ② 그림들을 건드리지 마라.

  ③ 그것은 매우 슬픈 이야기구나!

  ④ 숨바꼭질하자.

  ⑤ 팀이 1등상을 받았어, 그렇지 않니?

9 아빠는 모든 것을 고칠 수 있어, 그렇지 않니?

10 1) 너는 그에게 진실을 말한다. → 그에게 진실을 말해라.

  2) 그 아기 고양이는 아주 귀엽다. → 그 아기 고양이는 매우 귀엽구나!

해설

1 부가의문문을 만들 때 긍정문 뒤에는 부정으로, 앞 문장이 현재이므로 뒤의 부가의문문도 현재인 isn't가 와야 한다.

2 뒤에 「형용사＋복수명사」가 있으므로 What이 와야 한다.

3 부가의문문을 만들 때 부정문 뒤에는 긍정이 와야 하므로 do가 와야 하며, '숙제를 하라'는 의미의 긍정 명령문이 되어야 하므로 Do가 와야 한다.

4 뒤에 「주어＋동사」를 제외한 부분에 명사가 없으므로 How가 와야 하며, '청소하라'는 의미의 긍정 명령문이 되어야 하므로 동사원형 Clean을 고른다.

5 '～하자'라는 의미의 권유문으로 「Let's＋동사원형」의 형태를 고른다.

6 ④의 Let's 다음에는 동사원형이 와야 하므로 playing은 play가 되어야 한다.

7 '(우리) ～하지 말자'라는 의미의 부정 권유문은 「Let's＋not＋동사원형 ～.」의 형태이다.

8 '～하라'라는 의미의 긍정 명령문은 동사원형으로 시작하므로 형용사 honest 앞에 be동사의 원형이 함께 쓰여야 한다.

9 조동사 can의 긍정문이고 주어가 dad로 부가의문문은 can't he를 쓴다.

10 1) '～하라'라는 의미의 긍정 명령문은 you를 생략하고 동사원형으로 시작한다.

  2) How 감탄문은 「How＋형용사/부사(＋주어＋동사)!」의 형태이다.

UNIT 06
형용사와 부사

✹ Check-up
p. 060

| 1 nicely | 2 badly | 3 busily |
| 4 simply | 5 fast | 6 slowly |

✹ Grammar 충전하기 10%
p. 061

A 1 a, round, table 2 a, long, neck 3 a, tall, tower 4 a, sour, lemon 5 a, thick book

해석

1 둥근 탁자

2 긴 목

3 높은 탑

4 시큼한 레몬

5 두꺼운 책

B 1 well 2 carefully 3 gently 4 really 5 fast 6 Happily

✹ Grammar 충전하기 30%
p. 062

A 1 was scary 2 amazing city 3 smells good 4 serious problem 5 soft voice

B 1 high 2 safely 3 fast 4 Luckily 5 simply 6 Suddenly

11

✿ Grammar 충전하기 50%

p. 063

A
1 She buys expensive clothes.
2 I had a terrible dream last night.
3 Everyone has different ideas.
4 Chris is wearing white pants.

B
1 You never know the truth.
2 She is often late for class.
3 We usually walk to school.
4 He sometimes talks in his sleep.

해석
1 너는 진실을 안다. → 너는 결코 진실을 모른다.
2 그녀는 수업에 늦는다. → 그녀는 종종 수업에 늦는다.
3 우리는 학교에 걸어서 간다. → 우리는 대개 학교에 걸어서 간다.
4 그는 잠꼬대를 한다. → 그는 때때로 잠꼬대를 한다.

✿ Grammar 충전하기 70%

p. 064

1 Sadly, she is sick now.
2 Be careful on icy roads.
3 He is a very famous writer.
4 These sneakers are comfortable.
5 School finished early today.
6 The ballerinas danced beautifully.
7 We hardly know each other.
8 Today is a special day for me.
9 Cara sometimes breaks her promises.
10 I am usually at home after seven.

✿ Grammar 충전하기 90%

p. 065

1 We are the same age.
2 I often feel tired.
3 The sky is very clear.
4 Snails move slowly.
5 앨리스는 오래된 성에 산다.
6 테드는 때때로 매우 무례하다.
7 케빈이 공을 높게 쳤다.

✿ Grammar 충전하기 100%

p. 066

1 ⑤	2 ②	3 ①
4 ③	5 ①	6 ⑤

7 1) Karen is always cheerful.
   2) He is a very honest boy.
8 ⓐ early ⓑ late
9 I will never forgive you.
10 Your idea sounds wonderful.

해석
2 케이트는 사랑스러워 보인다.
3 티나는 수영을 잘 할 수 있다.
4 • 캐시는 매우 열심히 공부하고 있다.
  • 그들은 요즘 좀처럼 서로 만나지 않는다.
5 그는 종종 방과 후에 체육관에 간다.
6 ① 그 남자는 용감하다.
  ② 줄리아는 좋은 학생이다.
  ③ 그들은 매우 인기가 있다.
  ④ 이 딸기들은 달콤한 냄새가 난다.
  ⑤ 그는 항상 차를 빨리 운전한다.
8 그는 어젯밤 일찍 잤지만, 오늘 늦게 일어났다.

해설
1 ⑤good의 부사형은 well이다.
2 look은 감각동사로서 주어를 보충 설명하는 말로 형용사가 온다. 따라서 ②의 lovely(사랑스러운)가 와야 한다.
3 동사 swim을 수식하는 부사 well이 와야 한다.
4 '열심히 공부한다'라는 의미가 되어야 하므로 hard가, '좀처럼 만나지 않는다'라는 의미가 되어야 하므로 hardly가 와야 한다.
5 빈도부사는 일반동사 앞에 온다.
6 ⑤의 fastly는 없는 단어이다. fast는 형용사와 부사의 형태가 같다.
7 1) always는 빈도부사로 be동사 뒤에 오고, be동사는 주어를 보충 설명하는 말로 형용사가 오므로 「주어+be동사+빈도부사+형용사」의 어순으로 쓴다.
  2) 명사를 수식하는 형용사는 명사 앞에 오고, 형용사를 수식하는 부사는 형용사 앞에 오므로 「주어+be동사+a(n)+부사+형용사+명사」의 어순으로 쓴다.
8 ⓐ '일찍 잤다'라는 의미가 되어야 하므로 early, ⓑ '늦게 일어났다'라는 의미가 되어야 하므로 late가 되어야 한다. early와 late는 형용사와 부사의 형태가 같다.
9 빈도부사는 조동사 뒤, 일반동사 앞에 오므로 I will never forgive 어순으로 쓴다.
10 sound는 감각동사로서 주어를 보충 설명하는 말로 뒤에 형용사가 온다.
「주어+감각동사+형용사」

UNIT 07
수량 표현이 있는 문장

✿ Check-up
p. 069

1 many	2 much	3 a lot of

✿ Grammar 충전하기 10%
p. 070

A
1 first	2 second	3 third
4 fourth	5 fifth	6 eleventh
7 twelfth	8 fourteenth	9 twentieth
10 twenty-first	11 thirty-sixth	12 fiftieth

B
1 fifth	2 four	3 first
4 six		

해석
1 우리는 5층에 산다.
2 지미는 네 마리의 강아지가 있다.
3 첫 비행기는 런던으로 출발한다.
4 그 소녀는 여섯 개의 풍선을 쥐고 있다.

✿ Grammar 충전하기 30%
p. 071

A
1 many	2 much	3 much
4 many	5 many	6 much

해석
1 우리는 동물원에서 많은 동물을 보았다.
2 그녀는 어제 커피를 많이 마시지 않았다.
3 나는 어젯밤에 많이 자지 못했다.
4 그는 철자법에서 많은 실수를 했다.
5 테드는 친구로부터 많은 선물을 받았다.
6 나는 그 전쟁에 대해 많은 정보를 찾지 못했다.

B
1 any	2 some	3 Some
4 any	5 some	6 any

해석
1 너는 물고기를 좀 잡았니?
2 저에게 꿀을 좀 갖다 주세요.
3 어떤 사람들은 미안하다고 절대 말하지 않는다.
4 브라운 씨는 머리카락이 없다.
5 캐리는 나를 위해 장미를 좀 샀다.
6 냉장고에 얼음이 없다.

✿ Grammar 충전하기 50%
p. 072

A
1 The teacher asks many questions.
2 There isn't much noise on the street.
3 There are many children at the park.
4 Brenda knows many French words.
5 We didn't have much snow last year.

해석
1 그 선생님은 많은 질문을 하신다.
2 거리에 소음이 심하지 않다.
3 공원에 많은 아이들이 있다.
4 브렌다는 많은 프랑스어 단어를 안다.
5 작년에 눈이 많이 내리지 않았다.

B
1 She is sitting on the second row.
2 A lot of students failed the test.
3 I want some[a few] chocolate cookies.
4 Do you have any special plans?

✿ Grammar 충전하기 70%
p. 073

1 Let's listen to some music.
2 Is there any news for me?
3 The trip was a lot of fun.
4 We usually eat three meals a day.
5 You must not eat many sweets.
6 This is my second visit to Rome.
7 She never does any housework.
8 There are many coins in my piggy bank.
9 My birthday is the eleventh of May.
10 They didn't find much gold in the cave.

✸ Grammar 충전하기 90%

p. 074

1 I have some[a few] friends in Japan.
2 Today is the third day of the trip.
3 She doesn't spend much[a lot of/lots of] money on clothes.
4 My brother doesn't read any books.
5 많은 사람들이 그 박물관을 방문한다.
6 그녀는 항상 나에게 많은 조언을 해준다.
7 한 반에는 20명의 학생이 있다.

✸ Grammar 충전하기 100%

p. 075

1 ②	2 ④	3 ⑤
4 ②	5 ③	6 ①

7 ⓐ any ⓑ three
8 1) Are there any letters for me?
　 2) Many people are waiting for the bus.
9 Is there a lot of[lots of/much] milk in the refrigerator?
10 My room is on the second floor.

해석
2 그들은 많은 아이들/집들/친구들/돈/강아지들이 있다.
3 • 우리는 바다에서 많은 돌고래들을 보았다.
　• 너는 숙제가 많니?
4 • 나는 달걀 두 개와 약간의 기름이 필요하다.
　• 나는 화요일에 어떤 수업도 없다.
5 • 론은 6학년이다.
　• 바구니에 세 개의 토마토가 있다.
6 ① 라이언은 도움을 좀 원한다.
　② 희망이 많지 않다.
　③ 차 좀 마실래?
　④ 그 책은 두 번째 선반에 있다.
　⑤ 그 나무는 나뭇잎이 많다.
7 A: 너는 형제자매가 있니?
　B: 응, 그래. 나는 자매 세 명이 있어.

해설
1 two의 서수는 second이다.
2 many 다음에는 셀 수 있는 명사의 복수형이 오므로 셀 수 없는 명사 money는 알맞지 않다.
3 셀 수 있는 명사의 복수형과 셀 수 없는 명사를 모두 수식하고 긍정문과 의문문에 모두 쓰이는 수량형용사는 a lot of이다.
4 긍정문으로 some, 부정문으로 any를 고른다.
5 순서나 서열을 나타내는 서수 sixth, 개수를 나타내는 기수 three를 고른다.
6 ① '많은'이라는 의미로 a lot of 또는 lots of가 옳다.
7 ⓐ 의문문으로 any가 되어야 하며, ⓑ '세 명의'라는 의미가 되어야 하므로 개수를 나타내는 기수 three가 되어야 한다.
8 1) any는 수량형용사로 수식하는 명사 앞에 오므로 Are there any letters ~?로 문장을 쓴다.
　2) Many는 수량형용사로서 명사 앞에서 수식하므로 Many people are waiting ~.으로 문장을 완성한다.
9 '많은'이라는 의미로 셀 수 없는 명사를 수식하는 수량형용사는 much, a lot of, lots of이고, '~가 있다'라는 의미의 there is 의문문으로 「Is there+(형용사)+명사 ~?」의 어순으로 문장을 쓴다.
10 '2(두 번째) 층'이라는 의미로 순서를 나타내는 서수를 써서 「주어+동사+장소를 나타내는 말」의 어순으로 문장을 쓴다.

UNIT 08
전치사와 접속사

✸ Check-up
p. 078

1 in	2 on	3 at
4 on	5 at	6 and
7 or	8 but	

✸ Grammar 충전하기 10%
p. 079

A
1 in	2 at	3 on
4 in	5 at	

B
1 and	2 but	3 or
4 but	5 or	

✸ Grammar 충전하기 30%
p. 080

A
1 on the floor	2 at night
3 in the gift box	4 in 2008
5 on Friday	

B
1 day and night
2 got up early but was late
3 once or twice
4 beautiful and expensive
5 took a shower and went to bed

✸ Grammar 충전하기 50%
p. 081

A
1 Let's meet at four.
2 I wash my hair in the morning.
3 Her vacation starts on July 10th.
4 My grandparents live in Chicago.
5 Is there someone at the door?

B
1 Terry is short but strong.
2 I met Mandy and had dinner with her.
3 I invited him, but he didn't come.
4 You must do the work quickly and carefully.
5 Do you want chocolate ice cream or vanilla ice cream?

해석
1 테리는 작다. 테리는 힘이 세다. → 테리는 작지만 힘이 세다.
2 나는 맨디를 만났다. 나는 그녀와 같이 저녁을 먹었다. → 나는 맨디를 만났고 그녀와 같이 저녁을 먹었다.
3 나는 그를 초대했다. 그는 오지 않았다. → 나는 그를 초대했지만, 그는 오지 않았다.
4 너는 그 일을 빨리 해야 한다. 너는 그 일을 신중하게 해야 한다. → 너는 그 일을 빠르고 신중하게 해야 한다.
5 너는 초콜릿 아이스크림을 원하니? 너는 바닐라 아이스크림을 원하니?
→ 너는 초콜릿 아이스크림을 원하니, 아니면 바닐라 아이스크림을 원하니?

✸ Grammar 충전하기 70%
p. 082

1 but missed the bus
2 His name is Jay or Jake.
3 It is very hot in summer.
4 She will be here at nine.
5 Turn right at the traffic light.
6 A lot of people are swimming in the lake.
7 I have violin lessons on Tuesdays.
8 Don't touch the paintings on the wall.
9 My mom bought peaches and cherries.
10 or did you go to the movies

✿ Grammar 충전하기 90%

p. 083

1 There is a picture on the wall.
2 She is the best skater in the world.
3 Emily has red hair and brown eyes.
4 The garbage truck comes on Mondays and Thursdays.
5 우리는 거기에 버스 또는 지하철로 갈 수 있다.
6 그는 항상 자정에 잠자리에 든다.
7 그녀는 오후에 차 한 잔을 즐긴다.

✿ Grammar 충전하기 100%

p. 084

1 ②　　　2 ⑤　　　3 ④
4 ①　　　5 ②　　　6 ②
7 1) at 2) in　　8 The food is cheap but good.
9 I was born on Christmas Day.
10 1) It's March, but it's still cold.
　　2) You can have yogurt or pudding.

해석

1 우리 학교는 9시에 시작한다.
2 샐리는 스페인 아니면 폴란드 출신이다.
3 우리 누나는 아침에/런던에서/도서관에서/월요일에/저녁에 공부한다.
4 나는 집에 갔다. 나는 휴식을 취했다. → 나는 집에 가서 휴식을 취했다.
5 ① 루크는 7층에 산다.
　② 나는 정오에 뉴욕에 도착했다.
　③ 그녀는 열쇠를 탁자에 놓았다.
　④ 박물관은 6월 1일에 문을 열 것이다.
　⑤ 우리는 토요일마다 그녀를 저녁식사에 초대한다.
6 ① 레이첼은 똑똑하고 예쁘다.
　② 너는 여기에 있을 거니 아니면 갈 거니?
　③ 우리 형은 키가 크지만, 나는 작다.
　④ 그는 선생님이고 그녀는 디자이너이다.
　⑤ 나는 아침밥을 먹지 않았지만, 배가 고프지 않다.
7 1) • 케이트는 밤에 아무것도 먹지 않는다.
　　• 쭉 가서 모퉁이에서 왼쪽으로 도세요.
　2) • 그들은 2018년에 시애틀로 이사했다.
　　• 딘은 지금 프랑스에 있다.
10 1) 3월이다. 여전이 춥다. → 3월이지만, 여전히 춥다.
　2) 너는 요거트를 먹을 수 있다. 너는 푸딩을 먹을 수 있다. → 너는 요거트 또는 푸딩을 먹을 수 있다.

해설

1 구체적인 시점이나 시각 앞에는 전치사 at이 온다.
2 '스페인 아니면 폴란드'라는 의미가 되어야 하므로 여러 대상 중 하나를 선택할 때 쓰는 접속사 or가 와야 한다.
3 전치사 in 다음에는 연도, 계절, 월, 하루의 일부분 또는 공간의 내부, 넓은 장소가 와야 하므로 Monday는 알맞지 않다. 요일(Monday) 앞에는 on을 쓴다.
4 '~와', '그리고', '그래서'라는 뜻으로 둘 이상의 비슷한 것을 연결하는 and가 와야 한다.
5 ①, ③ 표면에 닿은 상태를 나타내는 전치사 on
　④, ⑤ 날짜나 요일 앞에 쓰는 전치사 on
　② 구체적인 시점이나 시각 앞에 전치사 at이 와야 한다.
6 ② 둘 중에 하나를 선택할 때 접속사 or를 쓴다.
7 1) 구체적인 시점 앞에 쓰는 전치사와 비교적 좁은 장소나 지점 앞에 쓰는 전치사는 at이다.
　2) 연도 앞에 쓰는 전치사와 넓은 장소 앞에 쓰는 전치사는 in이다.
8 서로 대조되거나 반대되는 것을 연결하는 접속사는 but이다.
9 요일이나 특정한 날 앞에 쓰는 전치사는 on이다.
10 1) 「문장, but 문장」의 형태로 문장을 연결한다.
　2) 중복되는 주어 동사를 쓰고 「단어 or 단어」의 형태로 연결하여 문장을 완성한다.

16

WORKBOOK

UNIT 01

p. 088

A 1 had 2 were 3 is 4 get 5 looking

	w		g		h	
		e			a	
	t		r			d
			e			
		l	o	o	k	i	n	g
				s		

B 1 We ran to school this morning.
2 She was lying on the sofa then.
3 These books are on sale now.
4 He fixes broken things in his house.
5 I was surprised at her answer.

C 1 They are twins.
2 You speak English well.
3 It stopped suddenly.
4 We were tired and sleepy.
5 I was in the classroom then.
6 She exercises at the gym.
7 He is a great pianist.
8 We are doing our homework.
9 Sam lost his school bag yesterday.
10 My mom was making dinner at that time.

UNIT 02

p. 090

A 1 was not
2 are not
3 did not say
4 do not want
5 does not fit
6 are not talking

B 1 These potatoes are not fresh.
2 He didn't do well on his test.
3 She doesn't have short hair.

해석
  1 이 감자들은 신선하지 않다.
  2 그는 시험을 잘 못봤다.
  3 그녀는 머리가 짧지 않다.

C 1 We are not close friends.
2 He was not lying at that time.
3 The bus does not stop here.
4 I did not find the answer.
5 She is not laughing now.
6 It is not a good time.
7 They were not police officers.
8 You do not take my advice.
9 My parents did not ask anything.
10 I am not sorry about it.

UNIT 03

p. 092

A 1 Is 2 Does 3 Were 4 Do 5 Are 6 Did

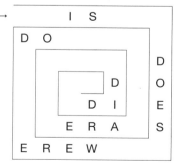

17

B 1 Do you need any help?

2 Was he washing his clothes then?

3 Are they empty seats?

4 Does this dress fit me well?

5 Did she skip breakfast today?

C 1 Are you full?

2 Was it my mistake?

3 Do we have any problem?

4 Does the movie end at five?

5 Do they visit you often?

6 Am I doing this correctly?

7 Was Anna eating a lollipop then?

8 Did he break my computer?

9 Did you brush your teeth last night?

10 Does your mom go shopping every week?

UNIT 04
p. 094

A **Across** 1 Where 2 Who 3 What

Down 2 When 4 Why 5 How

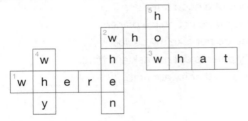

해석

Across

1 A: 너의 형들은 어디에 있니? B: 그들은 운동장에 있어요.

2 A: 너의 가장 친한 친구는 누구니? B: 내 가장 친한 친구는 루시야.

3 A: 그 가게는 무엇을 판매하니? B: 중고 도서를 팔아.

Down

2 A: 너의 생일 파티는 언제니? B: 이번 주 토요일이야.

4 A: 그들은 왜 항상 싸우니? B: 그들은 서로 좋아하지 않기 때문이야.

5 A: 밖에 날씨가 어떠니? B: 화창해.

B 1 How old is he?

2 When does she get up?

해석

1 그는 몇 살이니?

2 그녀는 언제 일어나니?

C 1 What is your dream?

2 Who does she work with?

3 How do you go to school?

4 What did he forget?

5 When is your history test?

6 How much are these pants?

7 When did you hurt your arm?

8 Where does she eat lunch?

9 Why were they so busy yesterday?

10 How many eggs are there in the basket?

UNIT 05
p. 096

A 1 Be kind

2 are they

3 Don't go

4 How funny

5 Let's not go

B 1 Don't be angry with me.

2 Let's invite them to dinner.

3 How slowly the turtle moves!

4 What excellent singers they are!

5 She will arrive soon, won't she?

C 1 Enjoy your meal.

2 Don't be rude.

3 Let's play a game.

4 Let's not be late for school.

5 What an interesting book (it is)!

6 How well she swims!

7 How surprising the news is!

8 What long hair you have!

9 They won the final game, didn't they?

10 You don't need more time, do you?

A 1 hard   2 loudly   3 always   4 terrible   5 yellow

	t	e	r	r	i	b	l	e
			a	l	w	a	y	s
							e	
							l	
		y	l	d	u	o	l	
							o	
	h	a	r	d		w		

B 1 Rick looks young for his age.
2 Soccer is an exciting sport.
3 You are eating too slowly.
4 I usually have dinner at seven.
5 They spend their money wisely.

C 1 Laura talks too fast.
2 She was late for the exam.
3 I feel healthy now.
4 The book is really boring.
5 It is a comfortable sofa.
6 They are usually busy on Mondays.
7 Sarah solved the problem quickly.
8 The story sounds so funny.
9 I can never remember everything.
10 He sometimes forgets important things.

A 1 many   2 some   3 second   4 much   5 any

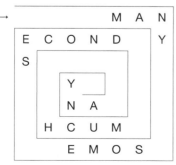

B 1 He doesn't know any Korean.
2 I have some news.
3 Tomorrow is my twelfth birthday.
4 She always makes a lot of plans.
5 Egypt doesn't have much rain.

C 1 Some birds can't fly.
2 Roy lives on the third floor.
3 I will make some snacks.
4 He does not [doesn't] have much [a lot of / lots of] free time.
5 Many [A lot of / Lots of] tourists visit New York.
6 He is the ninth person in line.
7 Are there any problems with them?
8 We do not [don't] need much [a lot of / lots of] furniture.
9 I do not [don't] want any trouble.
10 We can see many [a lot of / lots of] flowers in spring.

A 1 and   2 or   3 but   4 or   5 but

B 1 We go to church on Sundays.
2 I get up at six thirty.
3 The dog lay on the carpet.
4 We met at the box office.
5 The new semester starts in September.

C 1 I grew up in Sydney
2 Her car is old but nice.
3 There are a lot of cars on the roads.
4 They arrived at the airport at night.
5 We enjoy skiing in winter.
6 We do not [don't] go to school on Saturdays and Sundays.
7 She was singing, and he was dancing.
8 Will you clean the table or do the dishes?
9 It was rainy yesterday, but it is sunny today.
10 I have cereal or toast for breakfast.

Final Review

🐸 UNIT 01~03 P. 106

1 ② 2 ⑤ 3 ② 4 ③ 5 ②

6 ④ 7 ① 8 ④ 9 ⑤ 10 ②

11 ④ 12 ② 13 ⑤ 14 ⑤

15 1) Did

  2) Was

16 1) rise → rises

  2) Do you listening → Are you listening / Do you listen

17 Was it a holiday yesterday?

18 I am not doing my homework now.

19 We watch TV after dinner.

20 She does not[doesn't] learn the guitar.

해석

1 그들은 지금 휴가 중이다.

2 그는 이 아파트에 사니?

3 • 나는 그녀의 이메일 주소를 모른다.

  • 너는 어젯밤에 울었니?

4 • 너는 어제 아팠니?

  • 잭은 매운 음식을 좋아하지 않는다.

5 A: 그들은 식물에 물을 주고 있니?

  B: 응, 그래.

8 그녀는 학교에 버스를 타고 간다. → 그녀는 학교에 버스를 타고 가니?

9 ① 그녀는 밤에 머리를 빗는다.

  ② 카렌은 방과 후에 테니스를 친다.

  ③ 테드는 자신의 고향을 그리워한다.

  ④ 그들은 매일 운동한다.

  ⑤ 나는 항상 최선을 다한다.

10 ① 그들은 자주 싸우니?

  ② 너는 그 소식을 들었니?

  ③ 우리는 서로 말하지 않는다.

  ④ 나는 어둠이 무섭지 않았다.

  ⑤ 그들은 지금 해변에 누워있다.

11 ① 오늘은 바람이 많이 분다.

  ② 그는 고장 난 기계들을 고친다.

  ③ 우리는 그때 지하철에 있었다.

  ④ 눈은 오늘 아침에 그쳤다.

  ⑤ 에리카는 바다에서 수영을 하고 있었다.

12 ① 시험은 쉬웠다. → 시험은 쉽지 않았다.

  ② 나는 3학년이다. → 나는 3학년이 아니다.

  ③ 산드라는 바다에서 잠을 잔다. → 산드라는 바다에서 잠을 자지 않는다.

  ④ 나는 매일 산책한다. → 나는 매일 산책을 하지는 않는다.

  ⑤ 우리는 지난 주말에 낚시하러 갔다. → 우리는 지난 주말에 낚시하러 가지 않았다.

13 ① A: 너의 누나는 미술을 공부하니?

    B: 응, 그래.

  ② A: 너는 새들을 싫어하니?

    B: 아니, 그렇지 않아.

  ③ A: 이 꽃들이 장미니?

    B: 아니, 그렇지 않아.

  ④ A: 그들이 너를 자랑스러워했니?

    B: 응, 그랬어.

  ⑤ A: 너는 작년에 많은 돈을 저축했니?

    B: 응, 그랬어.

14 안녕, 수잔

  나는 지금 런던에 있어. 나는 우리 이모와 함께 머물고 있어. 요즘 날씨가 좋지는 않아서 많은 곳에 가지는 않아. 하지만 나는 집에서 사촌들과 재미있는 것들을 해. 너의 방학은 어때? 너는 방학을 즐기고 있니? 즐거운 하루 보내.
  피오나가

16 1) 태양은 동쪽에 뜬다.

  2) 너는 라디오를 듣니?/너는 라디오를 듣고 있니?

해설

1 주어가 3인칭 복수 대명사 they이고, now가 있으므로 are가 와야 한다.

2 주어가 3인칭 단수 대명사 he이고, 주어 뒤에 동사원형이 있으므로 Does가 와야 한다.

3 주어가 I이고 빈칸 뒤에 동사원형이 있으므로 don't가, 주어가 you이고 뒤에 last night이 있으므로 Did가 와야 한다.

4 주어가 you이고 뒤에 과거 시간 표현 yesterday가 있으므로 Were가, 주어가 단수명사이고 빈칸 뒤에 동사원형이 있으므로 doesn't가 와야 한다.

5 현재 진행 의문문에 대한 대답은 be동사 현재형을 써서 나타내므로 'Yes, they are.'가 와야 한다.

6 일반동사 과거시제 긍정문으로 buy의 과거형 bought가 있는 문장을 고른다.

7 일반동사 현재시제 의문문으로 주어가 you로 「Do+주어+동사원형 ~?」 형태의 문장을 고른다.

8 주어가 3인칭 단수 대명사 she로 「Does+주어+동사원형 ~?」 형태의 문장을 고른다.

9 ⑤ 주어가 1인칭이고 일반동사의 동사원형이 오므로 tries는 try가 되어야 한다.

10 ② 일반동사의 과거시제 의문문은 「Did+주어+동사원형 ~?」이 되어야 하므로 heard는 hear가 되어야 한다.

11 ④ stop은 「단모음+단자음」으로 끝나는 단어로 자음을 하나 더 쓰고 +-ed를 붙여야 하므로 과거형은 stopped가 되어야 한다.

12 ② am not은 amn't로 줄여 쓸 수 없다. 단, I'm not으로 줄여 쓸 수 있다.

13 ⑤ 일반동사 과거시제 의문문은 did를 이용해 대답해야 하므로 'Yes, I did.'가 되어야 한다.

14 ⑤ '즐기고 있니?'라는 의미의 현재 진행 의문문이 되어야 하므로 Are가 되어야 한다.

15 1) 일반동사 과거시제 의문문으로 Did를 쓴다.

  2) 과거 진행 의문문이고 주어가 3인칭 단수형 he이므로 was를 쓴다.

16 1) 주어가 단수명사로 rise는 rises가 되어야 한다.

2) 일반동사 현재시제 의문문이 되거나 현재 진행 의문문이 되어야 하므로 Do you listening은 Do you listen 또는 Are you listening이 되어야 한다.

17 be동사 과거시제 의문문으로 「Was/Were+주어+명사 ~?」의 어순으로 문장을 완성한다.

18 현재 진행 부정문으로 「주어+be동사의 현재형+not+-ing ~」의 어순으로 문장을 완성한다.

19 일반동사 현재시제 긍정문이고 주어가 we로 「주어+동사원형 ~」의 형태로 문장을 완성한다.

20 일반동사 현재시제 부정문이고 주어가 she로 「주어+does not(doesn't)+동사원형 ~」의 형태로 문장을 완성한다.

🦉 UNIT 04~05   P. 110

1 ③	2 ②	3 ①	4 ④	5 ①
6 ⑤	7 ④	8 ⑤	9 ③	10 ⑤
11 ②	12 ④	13 ⑤	14 ③	

15 1) wasn't, it

2) can, she

16 1) What a boring book it is!

2) How lazy Mike is!

17 When did you lose your bag?

18 Don't bring any food into the library.

19 Let's not hurry up.

20 wear a seatbelt

해석

1 너는 당근을 안 좋아해, 그렇지?

2 A: 저 소년은 누구니?   B: 그는 내 사촌이야.

3 밖에 비가 내리고 있어. 우산을 들고 가.

4 • 너는 이 병을 어떻게 여니?
• 경기가 매우 흥미진진했구나!

5 • 그는 매우 용감한 사람이구나!
• 너의 취미는 무엇이니?

6 ① 너의 어머니는 연세가 어떻게 되시니?
② 그 영화는 얼마나 길었니?
③ 너는 몇 명의 여자형제가 있니?
④ 이 연필들은 얼마인가요?
⑤ 너의 아버지는 무엇을 하시니?

8 너는 왜 그녀에게 사과를 했니?
① 나는 잘 지내.
② 오늘 아침 10시에.
③ 그녀는 나의 반친구였어.
④ 우리는 도서관에 있었어.
⑤ 내가 그녀의 기분을 상하게 했기 때문이야.

9 너 집에 6시에 돌아올 거야, 그렇지 않니?
→ ③ 응, 그럴 거야.

10 ① 너는 왜 여기에 있니?
② 수업은 언제 시작하니?
③ 너의 인터뷰는 어땠니?
④ 너는 누가 제일 그립니?
⑤ 너는 오늘 어디서 피터를 봤니?

11 ① 아침밥을 다 먹어라.
② 실패를 두려워하지 마.
③ 학교에서 만나자.
④ 그것은 매우 좋은 계획이구나!
⑤ 그 소녀는 매우 사랑스럽구나!

12 ① 네 친구들에게 친절해라.
② 데이브는 요리를 잘해, 그렇지 않니?
③ 그것에 대해 너무 심각해지지 말자.
④ 너는 보고서를 끝내지 않았어, 그렇지?
⑤ 교실에서 뛰지 마, 그럴 거지?

13 ① A: 네 가방에 뭐가 있니?
B: 내 교과서.
② A: 너의 생일은 언제니?
B: 8월 23일이야.
③ A: 너는 학교에 어떻게 가니?
B: 나는 버스로 학교에 가.
④ A: 그녀는 어디에 사니?
B: 그녀는 캘리포니아에 살아.
⑤ A: 너는 파티에서 누구를 만났니?
B: 응, 그랬어. 그것은 형편없었어.

14 A: 너는 주말에 뭐 했니?
B: 나는 캠핑하러 갔어.
A: 정말? 누구와 함께 갔니?
B: 우리 가족이랑.
A: 어땠어?
B: 재미있었어.
A: 너는 매우 즐거운 시간을 보냈구나!

15 1) 그 강의가 재미있었어, 그렇지 않니?
2) 애나는 중국어를 못해, 그렇지?

16 1) 그것은 정말 지루한 책이다. → 그것은 매우 지루한 책이구나!
2) 마이크는 정말 게으르다. → 마이크는 매우 게으르구나!

1 부가 의문문을 만들 때 부정문이 나오면 부가의문문은 긍정으로, 시제는 앞의 문장과 같은 시제를 쓰므로 「현재형+긍정」의 형태인 do you가 와야 한다.

2 '저 소년은 누구니?'라는 의미가 되어야 하므로 '누구'인지를 묻는 who가 와야 한다.

3 '우산을 가지고 가라'라는 의미의 명령문이 되어야 하므로 동사원형 take가 와야 한다.

4 '이 병을 어떻게 여니?'라는 의미로 방법(how)을 묻는 의문사 의문문이고, exciting을 강조하는 감탄문(how+형용사!)이므로 빈칸에는 공통으로 How가 와야 한다.

5 a brave man을 강조하는 감탄문(What+a+형용사+명사!)이고, '취미는 무엇이니?'라는 의미로, 사물이나 행동을 묻는 의문사(What) 의문문으로 빈칸에는 공통으로 What이 와야 한다.

6 ①, ②, ③, ④ '얼마나 늙은(나이)', '얼마나 긴', '얼마나 많은', '(가격이) 얼마인지'를 묻는 질문으로 의문사 How가 와야 하고, ⑤ '무엇(직업) 하시니?'라는 의미이므로 What이 와야 한다.

7 Let's 제안문의 부정은 「Let's not+동사원형 ~.」의 형태이다.

8 이유를 묻는 Why 의문사 의문문으로 Because(왜냐하면)를 이용하여 대답한다.

9 조동사 will의 부가의문문으로 will을 이용해 대답한다.

10 ⑤ 일반동사의 의문사 의문문에서 주어 다음에는 동사원형이 오므로 saw는 see가 되어야 한다.

11 ② 부정명령문은 「Don't+동사원형」의 형태이고 afraid는 형용사이므로 Don't 다음에 be가 와야 한다.

12 ④ 일반동사 과거시제 부가 의문문으로 were you는 did you가 되어야 한다.

13 ⑤ 의문사 의문문은 Yes/No로 대답하지 않는다.

14 ③ '누구와 함께 갔니?'라는 의미가 되어야 하므로 의문사 Who를 써야 한다.

15 1) 앞 문장이 be동사 과거시제 긍정문이고 주어가 단수명사로 wasn't it을 쓴다.

　　2) 앞 문장이 조동사 can의 부정문이고 주어가 Anna로 can she를 쓴다.

16 1) What 감탄문은 「What+(a/an)+형용사+명사(+주어+동사)!」의 형태이다.

　　2) How 감탄문은 「How+형용사/부사(+주어+동사)!」의 형태이다.

17 일반동사의 의문사 의문문으로 「의문사+do/does/did+주어+동사원형 ~?」의 어순으로 문장을 쓴다.

18 부정명령문은 「Don't+동사원형 ~.」의 어순으로 문장을 쓴다.

19 Let's 제안문의 부정은 「Let's not+동사원형 ~.」의 형태이다.

20 명령문은 동사원형으로 시작한다.

🔊 UNIT 06~08　　　　　　　　P. 114

1 ④	2 ⑤	3 ①	4 ③	5 ②
6 ②	7 ⑤	8 ①	9 ④	10 ②
11 ③	12 ②	13 ④	14 ④	

15 1) in

　　2) on

　　3) at

16 1) You can go there or stay here.

　　2) We went to the zoo and saw many animals.

17 Cathy is in the second grade.

18 We don't need much [a lot of / lots of] money.

19 You have a very beautiful smile.

20 Eric often plays board games.

해석

3 • 그는 저녁에 숙제를 한다.

　• 그 방에는 두 개의 침대가 있다.

4 • 그녀는 문가에 서 있다.

　• 우리 3시에 만날 수 있을까?

5 • 도로에 눈이 많지 않다.

　• 그 식당에 많은 사람들이 있었다.

6 • 우리는 11층에 산다.

　• 우리 삼촌은 20마리의 양이 있다.

7 브라이언은 취미가 많다.

8 ① 그녀는 (시간이) 이른 버스를 탔다.

　② 학교가 오늘 일찍 끝났다.

　③ 나는 아침 일찍 일어난다.

　④ 우리 아빠는 집에 일찍 들어오신다.

　⑤ 우리는 일찍 떠나야 한다.

9 ① 나는 토스트를 좀 만들 것이다.

　② 그에게 문제가 좀 있다.

　③ 너는 커피를 좀 원하니?

　④ 나는 어떤 충고도 원하지 않는다.

　⑤ 너에게 알려 줄 소식이 좀 있다.

10 ① 그는 종종 아침밥을 거른다.

　② 나는 절대 너를 용서하지 않을 것이다.

　③ 그는 때때로 매우 외롭다.

　④ 우리 아빠는 항상 회사에서 바쁘다.

　⑤ 그녀는 보통 오후에 낮잠을 잔다.

11 ① 사라는 똑똑한 소녀이다.

② 그가 나에게 슬픈 이야기를 해주었다.

③ 너는 오늘 아주 행복해 보인다.

④ 그녀는 그녀의 돈을 현명하게 쓴다.

⑤ 그는 내 질문에 재빨리 대답했다.

12 ① 나는 오늘 몸이 좋지 않다.

② 루크는 매우 빨리 뛸 수 있다.

③ 그 칼을 조심해.

④ 그들은 노래를 너무 시끄럽게 불렀다.

⑤ 갑자기, 그가 멈추고 나를 보았다.

13 ① 나는 빵과 우유를 샀다.

② 그가 너의 아빠니 아니면 삼촌이니?

③ 이 가방은 멋있지만 비싸다.

④ 앉아서 쉬자.

⑤ 나는 책 동아리 아니면 테니스 동아리에 가입할 거야.

14 이안은 역사에 많은 관심이 있다. 방과 후에 그는 항상 도서관에 가서 많은 역사책을 읽는다. 그것들은 그에게 많은 재미를 준다. 미래에 그는 역사 선생님 또는 역사학자가 될 것이다.

15 1) 많은 사람들이 겨울에 감기에 걸린다.

2) 벽에 사진을 봐.

3) 나는 오후 내내 집에 있었다.

16 1) 너는 거기에 가도 좋다. 너는 여기에 있어도 좋다. → 너는 거기에 가거나 아니면 여기에 있어도 좋다.

2) 우리는 동물원에 갔다. 우리는 많은 동물을 봤다. → 우리는 동물원에 가서 많은 동물을 봤다.

17 캐시는 2학년이다.

18 우리는 많은 돈이 필요하지 않다.

해설

1 ④ -le로 끝나는 형용사는 부사를 만들 때 e를 빼고 y를 붙이므로 gently가 되어야 한다.

2 ⑤ twenty의 서수는 twentieth이다.

3 하루의 일부분과, 공간의 내부를 나타내는 전치사는 in이다.

4 시각과 좁은 장소 및 '~ 지점'에 쓰는 전치사는 at이다.

5 셀 수 없는 명사를 수식하는 수량형용사 much, 셀 수 있는 명사의 복수형을 수식하는 수량형용사 many가 와야 한다.

6 몇 번째 층이라는 의미가 되어야 하므로 순서를 나타내는 서수, 몇 마리의 양이라는 의미가 되어야 하므로 개수를 나타내는 기수를 고른다.

7 수량형용사 many는 a lot of 또는 lots of와 바꿔 쓸 수 있다.

8 ①은 명사(bus)를 수식하는 형용사, 나머지는 동사(finished, get up, comes, leave)를 수식하는 부사이다.

9 ①, ②, ③, ⑤ 긍정문과 권유 의문문으로 some, ④ 부정문으로 any가 와야 한다.

10 ② 빈도부사는 일반동사 앞, 조동사와 be동사의 뒤에 오므로 'I will never forgive you.'가 되어야 한다.

11 ③ 감각동사(look) 뒤에 주어를 보충 설명하는 말로 형용사가 와야 하므로 happy가 되어야 한다.

12 ② fast는 형용사와 부사의 형태가 같으므로 fast가 되어야 한다.

13 ④ '앉아서 쉬자'라는 의미가 되어야 하므로 but은 and가 되어야 한다.

14 many는 셀 수 있는 명사의 복수형을 수식하는 수량형용사로 many books가 되어야 한다.

15 1) 계절 앞에는 전치사 in이 온다.

2) 표면에 닿은 상태는 나타내는 전치사는 on이다.

3) 하나의 지점 앞에는 전치사 at이 온다.

16 1) 주어와 조동사를 쓰고 go there와 stay here를 or로 연결해 문장을 쓴다.

2) 주어를 쓰고 went to the zoo와 saw many animals를 and로 연결해 문장을 쓴다.

17 '2학년'이라는 의미가 되어야 하므로 숫자를 나타내는 기수 two를 순서를 나타내는 서수 second로 바꿔야 한다.

18 money는 셀 수 없는 명사로, many를 much 또는 a lot of로 바꿔야 한다.

19 형용사를 수식하는 부사는 형용사 앞에 오고, 명사를 수식하는 형용사는 명사 앞에 오므로 「주어+동사+a+부사(very)+형용사(beautiful)+명사」의 어순으로 쓴다.

20 빈도부사는 조동사와 be동사 뒤에, 또는 일반동사 앞에 오므로 「주어+빈도부사+일반동사 ~.」의 어순으로 쓴다.

Memo

기초 영문법의 시작

THIS IS
GRAMMAR
Starter

1
영어의 첫걸음을 위한
**기초 영문법
포인트**

2
간단하고
체계적으로 정리된
**이해하기 쉬운
문법 설명**

3
단어 → 구 → 문장
쓰기 훈련으로 이어지는
**단계별 문법
충전하기**

4
배운 내용을
실생활에 응용하는
**EngGoGo 번역기
영작 훈련**

5
중등 내신 문제로
마무리하고
실전에 대비하는
Final Review

6
창의적 활동으로
응용력을 키워주는
**영문법+쓰기
워크북**

Reading 시리즈

Reading 101 Level 1~3

Reading 공감 Level 1~3

THIS IS READING Starter 1~3

THIS IS READING 1~4 전면 개정판

Smart Reading Basic 1~2

Smart Reading 1~2

구사일생 BOOK 1~2

구문독해 204 BOOK 1~2

특단 어법어휘 모의고사 구문독해 독해유형

Listening / NEW TEPS 시리즈

Listening 공감 Level 1~3

After School Listening Level 1~3

The Listening Level 1~4

도전! 만점 중학 영어듣기 모의고사 Level 1~3

만점 적중 수능 듣기 모의고사 20회 / 35회

NEW TEPS 실전 300+ 실전 400+ 실전 500+